命理生活新智慧・叢書 07

好運跟你跑

《全新增訂版》

金星出版社 http://www.venusco555.com
E-mail: venusco555@163.com
venusco@pchome.com.tw
法 雲 居 士 http://www.fayin777.com
E-mail: fayin777@163.com
fatevenus@yahoo.com.tw

法雲居士⊙著

金星出版

國家圖書館出版品預行編目資料

好運跟你跑《全新增訂版》／法雲居士著.
-- 增訂版第一版 .--臺北市：金星出版：
紅螞蟻總經銷，2000〔民89〕
面 ；公分--（命理生活新智慧叢書；07）

ISBN 957-8270-15-1（平裝）

293.1

好運跟你跑《全新增訂版》

作　　者：法雲居士
發 行 人：袁光明
社　　長：袁靜石
編　　輯：王　翔
總 經 理：袁玉成
地　地址：台北市南京東路3段201號3樓
電　電話：886-2--25630620●886-2-2362-6655
傳
郵政 FAX：886-2365-2425
總 經 銷：紅螞蟻圖書有限公司
地　　址：台北市內湖區舊宗路二段121巷19號
電　　話：(02)27953656(代表號)
網　　址：http://www.venusco555.com
E-mail：venusco555@163.com
venusco@pchome.com.tw
法雲居士網址：http://www.fayin777.com
E-mail：fayin777@163.com
fatevenus@yahoo.com.tw

版　　次：2000年2月第5版　全新增訂版
登 記 證：行政院新聞局局版北市業字第653號
法律顧問：郭啟疆律師
定　　價：300元

行政院新聞局局版北字業字第 653 號

ISBN :951-8270-15-1（平裝）

好運跟你跑

全新增訂版

再序

『好運跟你跑』這本書，本來我是想談談年青朋友們在生活中所會遇到會影響他們成長、努力奮鬥的一些關鍵小事。但是有許多已進入社會工作的或年長的朋友也看到了這本書，對其中有關考試運、和朋友、師長、父母協談、溝通的時機問題，或是應徵工作，談戀愛等的時機問題等等，都非常有興趣，常來和我討論。有時更舉出我書中曾言及教導我自己女兒用貪狼化祿的流年運程考上理想大學的事情，來考察紫微斗數的真實性。這一點我也覺得非常有意思。原來讀者看書真的那麼用心。

既然大家對利用時間都真的非常感興趣，我就決定再多寫幾篇可以在日常生活中把握應用『時間』的文章，讓大家可隨時應用，並且使每件想做的事都成功。

這次『好運跟你跑』重新印刷製版，也因為原先書中的文稿太少，加上版面製作較粗糙，封面不夠精美，也覺得對讀者有所抱歉，因此重新製作，再加入更多、更實用的內容來豐富它，希望能對讀者產生更多的利益價值。

好運和旺運是每一個人所想要擁有的，其實在每一個人的本命裡面原先也擁有這些好運和旺運。某些人覺得自己的好運和旺運不夠多，或自己根本沒感覺到好運和旺運的存在。這主要是由於自己並沒有好好認真的對自己已經走過的人生做過思考和檢討。有的人對於生活上的好與壞感觸不深刻，有錢時就好一點，沒錢時就差一點，並不特別的去思考為什麼沒錢呢？以前是否在相同的時候也曾是沒錢的時候呢？譬如說很多人在兔年時沒有錢，賺錢較少，那這個人會不會想到在上一個兔年時也是相同的情況呢？既然情況相同，再下一個兔年也同樣會是賺錢較困難，較少的年份。如此我們就能預測到兔年不好過，在兔年未到來之前，便要預做準備，在寅年便要打好基礎，預留錢財，以備兔年之需，這樣兔年就不會再窘困了，也會成為平順安祥之年。如此我們也就掌握到好運了。

有一回，我陪同一個晚輩去做針灸減肥。在那裡遇見一位面色晦暗二十幾歲的女孩，她正向針灸師訴說自己悲慘的遭遇。她在六、七歲時父親過逝，十幾歲時母親也離世了，從此在叔叔家生活。叔叔家的小孩也很多，沒辦法很周全的照顧她，所以她很早便出來工作了，想減輕叔叔嬸嬸的負擔。但是工作一直不順利，很少做得長，經常是做幾個月，休息幾個月，生活很不穩定。針灸師似乎也懂一些命理，安慰她說：『現在你是不開運，等到三十歲開了運就會好了。』這位女孩臉上露出一點喜色。隨即說：『真的嗎？可是現在我二十六歲了，還要等四年耶！真是好長的時間喲！』

聽到這段對話，在回家的路上我一直想了很久。每一個人不可能長期是停留在衰運之中的，在這個女孩的二十六年光陰中也會有好運的時間，只是不知道她還是否曾記得起來？還有既使覺得每一年中運氣不甚好，但是在不好的運氣中仍然會有稍為稱得上平順，不錯的運氣。這就是流月的運氣。每一個人在走十二個地支年，如子、丑、寅、卯……申、酉、戌、亥等年時，流年運程都有起伏，有好有壞，我們可以從囊括所有命格的十二個命盤格式中看到，沒有哪一個命盤格式是全部宮位坐星全是凶星。也沒有哪個命盤格式中全部的宮位座星全是吉星的。由此可知在全人類中沒有一個人是天天都

好運跟你跑
全新增訂版

好運得不得了，也沒有任何一個人會天天都處於惡運之中，因此惡運只是短期、短暫的時刻，只因為惡運使人不愉快，使人產生痛苦，而讓人忘不了。但是若把自己定位於惡運、衰運的人，一直無法走出慘痛，不愉快的經驗感覺的人，就無法感受到好運、旺運的到來。相對的，在選擇人生的道路時，會因為膽小怯懦、害怕失敗，不敢選擇，又可能再重複走入衰運的過程裡。這就形成悲慘的輪迴了。

我想這個女孩她所最欠缺的恐怕是沒有人會告訴她、幫助她分析自己的好運期和衰運期的問題，也沒有人能在她好運時時給予提醒，加強奮鬥、努力，在她衰運期時給予安慰鼓舞，以致於讓她在茫茫人海中一直飄泊不定，找不到自己的方向。

其實在我論命過程裡，遇到這些找不到自己方向的朋友還真不少！有些人到了四、五十歲仍然未找到努力的方向，真讓人為他們扼腕嘆息，這就是為什麼我一而再，再而三的寫這些如何掌握旺運的書。就是為了幫助讀者思考人生的困境，再利用一些自己經歷過的經驗，和命理的法則，和讀者一同參與尋找人生問題的解決方案。

人不可能天天待在無限的好運裡，人也不可能永遠惡運到底，要如何把惡運減少降到幾近於『零』，使之對我們的生活不產生傷害，再把好運的時間維持的長久一些，甚至拉長到蓋過了衰運期，這就是我們必須追求的學問，這不是不可能的事，端看我們自己會不會身體力行的去做。當然好運、旺運的產生會有許多的條件的，在這本『好運跟你跑』的增訂本中我將會一一向你解析，並附上我最誠摯的建議，願與讀者共勉旺運的到來與享受旺運時期的喜悅。

法雲居士　謹識

原序

『好運跟你跑』是一本寫給年青朋友的命理書。

目前有許多大學、五專、職校、高中都開了有關玄學及命理的社團。很榮幸的我也常應邀前去演講，或與同學們座談。

在與許多的同學們接觸之後，我才瞭解，原來並不只是三十歲以上的人，才對命理有興趣。原來在這麼年青的同學裡，也居然有不少已對命理做過幾年研究的呢！

更驚訝的是！更有同學能提出非常精闢的見解及專業性的問題。因此不得不讓我佩服現代二十歲以下的年青人所具有的高度智慧了。

當然，絕大多數的同學仍在啟蒙的階段，他們對未知的將來抱著極大的神秘感，想來一探究竟。也因此激發了我想寫一本書給年青朋友。以與年青朋友們切身相關的問題，在此做探討。希望能對同學們有所俾益。並減少年青朋友們在人生旅程裡摸索的時日。

雖然會有些人置疑：這麼年青就學命理，是不是太迷信了？或是太消極了？

其實不然！我倒認為能早一點瞭解自己人生中運程的起伏，能好好掌握生命中的高潮點，倒是非常有益於自己的事情。

尤其是從學習命理中，能真正的剖析自己的個性，瞭解自己的天性中的本質與喜好。父母、兄弟、親朋與自己之間的關係。也瞭解了自己一生運程中所將會遇到的情況，是順利的？是坎坷的？是需要積極打拼才有成就的？還是需要靠人提拔才能成功的？

再則是可以瞭解到自己一生是會大起大落的？還是平順沒有浪花的？這些種種都會影響一個人的成就。

你在瞭解剖析了自己的個性時，便能知道自己處理事務的優缺點，可以隨時加以改進。知道了自己的本質與喜好，對於將來所從事的行業與前途，便有了極明確的藍圖。

對於瞭解了父母、兄弟、朋友間與自己的關係之後，便不會再被家庭糾紛而引起的感情與情緒問題來困擾自己。一直以來，有許多年紀很輕的學生，因與父母不和，以各種方式自殺了，或與同學衝突，引發了許多校園事件的是非問題。倘若你能預先瞭解在你的命程中是潛在擁有這些問題的，便可預作預防，及早的躲避或化解這些災禍。更可以將這些不平的情緒來做適度的調整。這樣你就稍可平息一些抱怨父母、師長的不公平或是找到因同學們之間相擾，而逼迫你至困境的解決方法。故而在感情上你也會找到舒解的方法。

知道自己是必須靠自己積極努力才能成功的人，就可早點開始你的準備工作。例如好好專心讀書囉！與周遭的同學、朋友保持良好的關係囉！學習處理自己的情感起伏及宣洩的方法，及一切事務的處理方法囉！還有需要學習錢財的處理方法，這些對你將來的成就，都是有極大影響的。

你若是個靠貴人提拔才能成功的人，那你要儘量變得可愛一點，早一點在你四週尋找貴人吧！

你若是很早就知道自己是個大起大落的人，那就在好運的時候多把握。到衰運大落時，反正心理已有準備了，更可堅強的迎接這個極佳的考驗機會。

有為有守』，才是人生至高的精神歷練。

還有一點也是你應該注意到的！就是你周遭的親人、朋友對你的運勢也是有影響的。

例如你正準備升學考試，或是正面臨人生的轉捩點。家中有辦喜事，如結婚、添丁等，全家人喜氣洋洋的，對你的運勢也是直接助益的。在你面臨大關鍵的時刻，是會有順利表現的。

倘若家中是辦喪事，或有病患住院。家中的人憂心戚戚，對你的運勢，亦直接有不順的影響。這在很多人運程轉折之處，都可清楚的得到印證。

在你懂得這許多人生必經的過程之後，是不是更能把握住要點？好運氣就像靈妙的小精靈般，長久的守在你的左右了呢？趨吉避凶，好運會永遠跟著你跑，是一點都不錯的了！

法雲居士　仲春謹記

命理生活叢書07

好運跟你跑《全新增訂版》

如何選取喜用神

(上冊)選取喜用神的方法與步驟
(中冊)日元甲、乙、丙、丁選取喜用神的重點與舉例說明
(下冊)日元戊、己、庚、辛、壬、癸選取喜用神的重點與舉例說明

每一個人不管命好、命壞，都會有一個用神和忌神。
喜用神是人生活在地球上磁場的方位。
喜用神也是所有命理知識的基礎。
及早成功、生活舒適的人，都是生活在喜用神方位的人。
運蹇不順、夭折的人，都是進入忌神死門方位的人。
門向、桌向、床向、財方、吉方、忌方，全來自於喜用神的方位。
用神和忌神是相對的兩極。
一個趨吉，一個是敗地、死門。
兩者都是人類生命中最重要的部份。
你算過無數的命，但是不知道喜用神，還是枉然。
法雲居士特別用簡易明瞭的方式教你選取喜用神的方法，並且幫助你找出自己大運的方向。

1. 如何尋找『好運』與幫自己建造一個『旺運』堡壘

很多朋友來找我論命的時候，一開始便告訴我，他懂一點紫微斗數，會排命盤，知道一些命理常識。那就表示他是能夠在自己的命盤中找出『好運』的時間了，但是對於一些關鍵的問題，例如他什麼時候會有錢？什麼時候會發財？什麼時候才能考上高普考？什麼時候才能考上中醫特考？什麼時候買的房子才能留得住？什麼時候朋友借的錢才能還給他？什麼時候才會不辛苦能享福？什麼時候才能結婚或找到理想對象？這些種種的問題，仍是無法參透解決。這就表示他所學的紫微斗數是入門了，但是離精算還有一段距離，也就是說：在應用方面還不是那麼得心應手。

不錯，紫微斗數的確是一門簡單易學，容易上手的命理學。這些朋友為什麼在進入一個情況之後，就不能繼續深入探討自己想知道的人生問題呢？

在我的感覺裡是因為他們不敢做大膽的假設，和小心的求證之故，因此無法進入問題的核心來解決自己的人生疑問。為什麼這麼說呢？請聽我分析給你聽。

從書中尋找旺運

很多朋友告訴我，他之所以會學紫微斗數，都是從看了我的書，例如『如何算出你的偏財運』，『如何掌握旺運過一生』，『驚爆偏財運』、『你一輩子有多少財』等等，或者是看了『紫微改運術』、『如何掌握你的桃花運』之類的書，因為有關紫微斗數的部份看不懂，再轉而尋找『三分鐘算出紫微斗數』這本書和『實用紫微斗數精華篇』這兩本基本教科書再重頭學起。當然再重新連貫起來，就對命理有一些認識了。但是我想告訴讀者朋友們的是：在我所寫的至今有三十幾部書裡，每一本書都有不同的主題。每一本書中也都有教授讀者運用的方法和引導讀者思考的方向和方式。例如『紫微改運術』中，教導讀者為自己畫一條運命周期線，並且檢視自己已走過的生命歷程中大大小小所經歷過的吉凶事項與發生的年歲，做一個紀錄，這就是在引導每個人在思考了。另外也為讀者設計了運氣曲線圖，更詳盡的記載了每個人在十二個地支年中運程起伏的過程。有了這些精密的人生資料，事實上，在前述的關鍵問題中的每一個主題都是全然包括在其中的了，這些朋友為什麼還不能參透？實際上只有一個問題，那就是不相信自己！一定要從別人的口中的肯定，才能確實放心自己的判斷。

在前述這些問題中，不論是何時有錢？何時發財？何時會考試通過？何時會得到還債？何時會結婚？等等的問題，全是需要『好運』、『旺運』的事情。每一個人都知道財星、吉星居旺位時是好運、旺運的時期和時間。但是好到什麼程度？大家都沒把握了！所以我說這些人是『不敢做大膽的假設和小心求證』的人。

要尋找自己的好運、旺運其實非常簡單，在我的好幾本書中，例如『如何掌握旺運過一生』、『紫微改運術』、『紫微賺錢術』、『紫微格局看理財』等書中都有好運曲線圖，無論哪一本書，都可拿來利用，旺運部份也標示得很清楚。

用感覺來尋找旺運

另外一個尋找好運、旺運的方法，就是用感覺來尋找旺運了，不管你是用第六感，或是憑直覺都非常容易感覺出來。

我們都知道當人運氣好的時候會紅光滿面，氣色清新亢奮。面色討喜，使人一看便想親近。不過紅光滿面要分清楚，運氣好的紅光滿面是面色白淨，白裡透紅，神清氣爽，氣勢磅礴，氣度嫻雅的才算是旺運的象徵。有一種面泛桃花紅，態度曖昧，眉宇不清閒、略蹙眉的，就是桃花是非之貌了，必惹桃花糾紛，這是必須要防災禍發生的狀況了。

我們也知道人在運氣不佳時，會臉色晦暗，一付倒霉相，心情不開朗，言語衝動。所以憑感覺就能知道人運氣的好壞。

人為什麼會運氣不佳呢？原因不外乎幾種，第一，健康不佳。身體不好，氣提不起來，長久以往，運氣就一直往下墜，愈沈就愈下墜，變成衰運了。第二，行運到財星陷落的運程。此時財運不佳，賺錢賺不到，心情就愈鬱悶，生活較拮据困苦，怨氣多，性格就衝動，有時暴發開來更惹是非麻煩和災禍。此時人比較尖酸刻薄，自私自利，因為自顧不暇。愛計較，也愛惹事，性格容易粗暴。第三，是行運到凶星、煞星的運程。此時因為人的競爭心強，雖愛打拚奮鬥，但總是不順。此時也造成人緣不佳，很多事情受阻，又愛強出頭，為人煩悶、粗暴，常惹是非麻煩。有時是別人看你運氣不好，而故意為難你或欺負你，而你又不能忍一時之氣，必然報復還以顏色，而使事情更惡化。

好運、旺運的條件

由上述這些組成運氣不佳的原因，就可發現到屬於好運、旺運的條件了。那就是第一要身體健壯，氣勢強大。第二要溫和有禮、態度安詳、心情愉快、舒適，言語平和，對人寬宏講理，多慈愛忍讓之心，使自己的心境、情緒舒適平和。第三，有奮鬥的上進心，但不是惡質的競爭心態。第四，要人緣好，處處與人為善。第五，多體量別人，躲避或化解粗暴、凶惡的狀況。

上述這些好運、旺運的條件說，看起來像是老生常談，但可真是缺一不可的。我常和許多年青朋友們談起，勸他們少生氣。生氣的人總是運氣不好的。常生氣就會常陷自己於衰運之中，生氣時言語衝動，容易得罪人，也容易為自己埋下定時炸彈，不知在何時爆發，導致自己以後的不順利，是得不償失的行為。

這幾天又有一樁計程車打群架的案件，有的人車毀人傷，有的人頭破血流，相信參與其事的人都沒得到好處，所以吵架、打架的人都是衰運的人。也只有勞民傷財的份了。

有時候我們在街上也可看到開車因為小擦撞，而有人惡形惡狀的擺出流氓的鴨霸姿態，這種人也同樣是衰運的人。只是他們不自知罷了。

所以我們在尋找好運、旺運時，首先就是要使自己的氣旺起來，讓喜神、財神接近我們，而我們自己要遠離是非紛爭，不要使自己的身體受傷、生病、漏氣。要廣結善緣，把人氣匯集起來，集中在我們自己的四周。人氣旺了，其他的氣，如財氣、官氣、運氣，一切吉祥的氣自然會流向我們這一方，這就是『聚氣』了，當然財運、官運、一切的好運、旺運就會如火如荼的旺起來了。這時候你還會擔心沒有財進？你還會擔心考試考不好嗎？你還會擔心升不了職嗎？當然你已成竹在胸，有了十足的把握了，而且一點都不擔心了呢！

以前，我在一本書中提到『錢是有腳的，會向錢多的地方匯集。』銀行是錢最多的地方，因此錢都向銀行中匯集。『人氣』也是一樣，都向人多的地方匯集。好運、旺運也是一樣，都向好運、旺運的地方匯集。好運、旺運很少會落在病入膏肓的人身上。原因是即將病亡的人，身上的運氣已經太少了。所以我們瞭解要尋找好運、旺運就要到有好運、旺運較多的人的地方去找才有。

為自己建造好運、旺運的堡壘

除了尋找好運、旺運，我們也可以自己來培養屬於自己的好運、旺運，因此我建議你為自己建築一個『好運、旺運』的堡壘，長期的把好運、旺運當做寵物一般豢養在自己身邊，如此一來，隨時有好運、旺運，隨時可用，凡事就不用憂愁了。

要建造『好運、旺運的堡壘』，當然前面所談到旺運的條件中，你每一項都要做到，一個都不能少，要確實執行，才能有效。

要使好運、旺運在自己身邊圍繞，不輕易的散去，也必須注意一些事情，首先要知道在哪些狀況下會產生哪些運氣不好的事情，會影響到自己的態度、情緒失控，甚至會影響健康和身體受傷害等不良的狀況，造成自己身的運氣下滑、運氣不佳，另外就是要知道紫微命理的星座位置所代表運氣旺度指標

・如何尋找『好運』與幫自己建造一個『旺運』堡壘

的高低，也是非常重要的。例如大家都知道紫微星是代表萬事呈祥，一切康泰、順利、成功的一顆星。紫微星在午宮居廟時也的確擁有這頭等的特質。有解厄呈祥，一切趨吉的特等功力。倘若紫微居子宮為居平位，這就只有一般極普通的好運了。更有些時候，這種非常普通平凡的好運是讓人根本體會不出來的，因此紫微居午宮的好運道和紫微居子宮好運道，基本上就相差很多，有天壤之別，是無法相提並論和擺在一起比較的。

2. 代表好運、旺運的星座所代表的運程

紫微運

紫微單星坐於午宮是居廟位的，這是最旺的時候，無論是在人的命宮出現，或是行運逢到，都具有威嚴、穩重的特性，能祥和又具有權威的主導任何事情。因此具有紫微在午宮的運程格局的人，在行運到『紫微在午』的時間內（不論是大運、流年、流月、流日、流時）都是好運、旺運的時間，是非常值得應用的。

紫微單星坐於子宮時是居平的，此時紫微解厄呈祥的能力雖然仍具備，但是非常薄弱，因此只有一般普通祥和的運程。

記得我以前在很多本書上提到美國總統柯林頓是紫微坐命子宮的人，他

是庚年生的人，有武曲化權、天相、祿存在財帛宮。又有太陽化祿、天梁、擎羊在子女宮，官祿宮是廉府。他從丑年開始就運氣不好，緋聞案歷經丑、寅、卯年，卯年時因有相照的太陽化祿、天梁星，而使案情暫時告於解決，但是名譽元氣大傷。

有一位同樣也是紫微坐命子宮的朋友，在丑年時找我論命，他非常不服氣的問我說：『紫微不是帝座嗎？既然我是紫微坐命的人，為什麼命運這麼不好，而柯林頓也是紫微坐命的人卻可以貴為總統？為什麼差得這麼多？』這位朋友在丑年時所經營的工廠搖搖欲墜，瀕臨倒閉，一而再、再而三的

柯林頓總統的命盤

太陰化忌 巳	貪狼 午	天同化科 巨門 未	武曲化權 天相 祿存 申（財帛宮）
廉貞 天府 辰（官祿宮）			太陽化祿 天梁 擎羊 酉
卯		命宮	七殺 戌
破軍 寅	丑	紫微 子	天機 亥

這位朋友的命盤

太陰 祿存 巳	貪狼 擎羊 午	天同化祿 巨門 未	武曲 天相 申 財帛宮
官祿宮 廉貞化忌 天府 陀羅 辰			太陽 天梁 酉
卯			七殺 戌
破軍 寅	丑	紫微 命宮 子	天機化權 亥

搬廠房，也找人看風水，改命運，欲挽回頹勢，但終是回天乏術，心中鬱悶，而口出怨言。

這位朋友是丙年生的紫微坐命子宮的人，在官祿宮有廉貞化忌、天府、陀羅。丙年生有天同化祿，是在他的疾厄宮和巨門同宮，因此天同化祿是居陷位的。丙年生又有天機化權是在他的兄弟宮中，也是居平位的。祿權二星不但在閒宮，又是居平陷之位，因此力量不足。

我們再看他所行的大運，他是陽年生的人，順時針方向行大運，除了幼年時有紫微居平的運程外，青少年是空宮弱運又有天同化祿、巨門相照的運

•代表好運、旺運的星座所代表的運程

程。二十幾至三十幾歲是破軍運（居得地之位），三十幾至四十幾是走空宮有陽梁相照的運程，也是空宮弱運，四十幾至五十多歲走廉貞化忌、天府、陀羅運，五十多歲至六十歲走太陰陷落的運程。

這位朋友的『命、財、官』和美國總統柯林頓的『命、財、官』比較起來當然差得很遠，在行運方面，柯林頓在行空宮弱運時，會有化祿、化科來幫忙相照，寅年的破軍運，也有武曲化權，祿存來相照幫助，自然順利得多。因此在行運上也不能相比。所以同樣是相同命盤格式，也同樣是紫微在子坐命的人，命格運程也全然是不一樣的。

這位紫微坐命子宮的朋友，雖然在命盤中的好運時間不算多，但仍然會有，例如申宮有武曲，武曲居得地合格之位、天相居廟，是賺錢進財的好運、旺運時機。午宮有貪狼和擎羊同宮，這是其人的遷移宮，代表其人的外在環境是運氣、機會還好但競爭激烈的環境，此人因官祿宮中，有廉貞化忌、天府、陀羅，表示其人在智慧上不高，且有是非笨拙的想法。實際上不適合開工廠做生意，紫微坐命的人都適合做上班族和公務員，有固定的薪水可拿，賺錢會較多。在酉宮中是太陽居平，天梁居得地之位。酉年時，讀書運會較好，財運、事業運都不行，因此酉年是讀書運的旺運期。戌宮是七殺居廟位，代表辛苦努力極奮鬥的運程，不管是流年、流月、流日走到戌宮，多少會因努力打拚而得到一些成果，這是其人努力奮鬥上進的旺運期，只要努力便會有結果。

紫微在午的運程：這個紫微運是居廟的紫微運，凡事都會否極泰來。由於在這個運程之前的一個運程是天機居平運，運程很差，凡事不順，而且是愈變愈壞，到了這個紫微運，就像是柳暗花明又一村一般，又是一幅新的氣象。你會神清氣爽，自信滿滿，份外受到別人的尊重，一掃過去（前一個運程）膽小、畏縮、怕事、怕變的態度。這個紫微運是利於做事業、開拓、開發、建立新事業、好名聲的運程。紫微運也利於做政治活動，選舉必勝，若有紫微化權運，更是一夫當關，萬夫莫敵了。

紫微運也利於考試必中，只要穩紮穩打，按步就班就能考試成功，紫微運在交友方面也是平順祥和，能交到地位高、有品德，對自己有利益好處的益友的。當然，你在這個紫微運中選擇配偶結婚，也會選到品德、家世都不錯，又能彼此體諒，相親相愛之人。這是一個感情、事業、學業等處處得意的運程。

紫微在子的運程：這個紫微運是居平位的紫微運，凡事也能平和發展，大致看起來也很順利。但是這個紫微運似乎缺少一點推動力，在上進心、打拚奮鬥的能力上是比『紫微在午』這個紫微運差了很多，因此在否極泰來方面是感覺好一點，但好的狀況並不非常讓人興奮的好。『紫微在子』的紫微運，也可利用做政治活動、選舉之類的事情，可以有平和順利的成果。但是必須是在對手也不強的狀況下，你才會掌握勝算。倘若對手很強勢，很拚命，你恐有高票落選之況。因為這個紫微運在奮鬥力上不足，有些懶散怠惰之故。同樣的，若用這個紫微運去參加考試也是相同的狀況，倘若當時同考的考生，大家的成績都是平平，不算很好，你就有機會考上。若是同考生程度很好，你可能只有備取的份了。

在這個紫微運中在交友方面，你可能很注重對方的地位、家世、家庭富裕的狀況而挑選朋友。但是周圍出現的朋友並不會是如你想望的那麼好的人，可能只是小康狀態的平民百姓的朋友。這是有點視利的交友方式，朋友與你之間的關係是表面平和、安祥、但不深交的方式。

在這個紫微運中，在錢財的獲得上，只是平順小康的局面，有錢進，並不會太多，也不會發財，好好的理財，也可以有積蓄。

紫破運

紫微在丑、未宮時，也是居廟位的，此時它和破軍同宮，破軍也居旺。紫破運在旺運的層次裡也算不錯的運程，它是打拚奮鬥，努力上進的運程，只要努力都會有很高的成就。例如政治人物利用紫破運可選舉成功。生意人利用紫破運也可擴大生意，大進錢財。但是紫破運中的破運有破耗的特性，因此在紫破運中的人，有好大喜功，愛擺場面、擺闊的特殊性格，在紫破運中的人，雖然錢賺得多，花得也多，是沒有什麼餘錢積蓄的。也就是說紫破運利於事業、名聲的開拓，在錢財上大進大出，是一場空的。

紫破運在考試方面，必須不斷的衝刺才會有好的結果。倘若稍一鬆懈，便前功盡棄，因此是有一點危險的考試運。

紫破運在交友方面，是四海之內皆朋友，朋友的素質參差不齊，地位高低不等，品行賢愚不肖全皆有之，紫破運在交友上不注意品質，只注重數量，這種交友運是適合選舉和政治之用的。因此紫破運基本上在交友方面也帶有功利主義的特性。

紫府運

紫府同宮的運程，因為其中天府星是財庫星，因此多半和財運有關。紫府同宮時，紫微都是居旺位的，但是天府在寅宮居廟，在申宮只有得地剛合格之位。因此紫府運在寅宮是較強的運程，在申宮則為次強的運程了。

紫府運利於賺錢，從外面把錢收歸自己的財庫之中。在寅宮的紫府運賺錢極多。這個狀況和前一年的天機陷落運程相差非常懸殊。前一年笨頭笨腦，做事常出錯，運氣十分差，但走到紫府運就突然開竅了，既精明、會打算盤，又知道如何賺錢的方法。鈔票像長了翅膀飛向你而來，是十分快樂的賺錢運。

紫府在申宮的運程，也是賺錢儲財的好運程，只是它的功力沒有『紫府在寅宮』儲存、計算的功能強，算是稍弱一點的，所以這個紫府運比較是平順、有積蓄、有錢進，稍好的年份。也因為前一年的天機陷落運程降到了谷底，所以你雖然有了紫府運的好運、旺運，也需要慢慢恢復當中，這一直要到下一個太陰運你才會真正的有錢。

紫府運都是利於開拓事業，打拚奮鬥的，此時你態度祥和，按部就班，中規中矩，一步一腳印的努力在做，當然成果也就一點一滴的在展現了。紫府運用在考試方面也非常好，表示你是準備充足，非常實在、實學的人，也一定會考得不錯，有好的成績。

紫府運用在政治，選舉競爭上，是平穩的，穩紮穩打，準備充足的應戰，自然勝券在握。是很好的運程。一定會囊括所有的政治利益，大獲全勝。這是一個面子、裡子都賺到的運程。紫府運用在朋友運上，在這個運程裡，你會有點視利和精打細算。對你沒有利益的朋友，你是不想交的。你常會盤算，不管他們是在學業功課上能幫助你，或在事業上會幫助你，或是結交了這個朋友，會使你的地位提升，或是會使你的人緣交際更廣闊都好，任何有關於你自己的利益，你都會把它列入考慮，做為交友的選擇，去蕪存菁，而留下你認為值得交往的朋友來繼續友誼。

紫貪運

紫貪同宮的運程中，不管是在卯宮或酉宮，紫微都是居旺位的，而貪狼是居平位的。貪狼本來是好運星。紫貪運本應是走好運，但是貪狼居平，好運不強。因此紫貪運的好運只是普通一般了。

紫貪運真正的意義在於人緣交際方面。紫貪是『桃花犯主』的格局，桃花特強，人緣因此特佳，但也容易招惹桃花糾紛。這是這個運程中的致命傷。

紫貪運利於升官、升職，因為有人緣桃花的關係。再加上人到了這個運程也特別會逢迎拍馬，不喜歡得罪人，喜歡運用交際手腕來贏得對自己的利益，因此利於升職、升官。

紫貪運也利於讀書、考試，會有一點好運氣，並且能得到師長、上司、長官的喜愛，說不定故意出些簡單有利於你的試題，故意放水讓你通過考試。縱然沒有人暗中放水幫你，你自己也會有些好運道。剛好試題正是你所熟悉的拿手絕活，因此考試成績是還不錯了，可以考上錄取。

紫貪運在錢財上也會有一些好運，可以賺到一些錢，除非你有『火貪格』、『鈴貪格』，可以發筆小財。否則也只是一般稍好的財運而已。紫貪運不適合做生意，因為此年的財帛宮仍是武破。只適合錢往內收，不適合投資，及有大筆的錢財往來，否則就有破耗，是得不償失的。

紫貪運在交友方面，雖是人緣特佳，但也具有視利的特質。此時你喜歡的朋友是地位高，長相體面、美麗、各方面條件好的人，也喜歡有錢人。因此對於一般人，你只會哈拉、哈拉，不會認真和他們交往，朋友關係只是淺薄游離式的不深交的關係。

紫相運

紫相運中，紫微是居得地之位，天相也居得地之位。因此紫微和天相兩顆星都是在剛合格的旺位上，因此並不算強勢的好運、旺運。這只是一般平和、有點懶散，競爭力、上進心都不強的運程。

人處在紫相運中，是溫和，有禮，做事有點緩慢，常常要想一想，想了半天才動一動的人。因此他們的速度慢，奮鬥力略顯不足。有的人認為辰、戌宮是天羅地網宮，因此阻礙了紫相的發展。在我認為：辰、戌宮屬土宮，紫微屬土，天相屬水，水土交融，土阻止了水的流動靈活，因此紫相是十分平穩的運程。

紫相運是利於做事的運程。事情做得好，自然有財可進，有官可升，所以在紫相運中，錢財是順利的，不是太多，但平順富裕。紫相運也會升官，若是壬年生的人，有紫微化權加天相，在如此的紫相運中是肯定會升官的。

紫相運也利於讀書考試。凡是利於事業打拚的吉運都利於考試和讀書。紫相運在打拚方面雖然不強，但它是按步就班、一點一滴慢慢的做成的，中規中矩的態度，也很能得到別人的尊敬。因此在紫相運中，人是溫和、謙恭、品行端正，受人敬重的。

紫相運在考試方面，因為這個運程實在不算太聰明的運程，因此也許考得上，但是成績並不會太好。很可能只是敬陪末座的上榜而已。

紫相運在交友方面，也同樣具有勢利的色彩，但並不會太明顯，因此在溫和、稍嫌遲鈍的外表下，掩飾了他們勢利的眼光。人在紫相運中是十分固執的，他們要交地位、家世、生活環境、興趣、知識文化背景、性格相類似的朋友，不喜歡和條件不相當的人做深交和親密的來往，因為會嫌他們太麻煩了。所以在紫相運中都會交到性格和他們自己很接近，同屬溫和，自制力強，很識相的人。

紫殺運

在紫殺運中，紫微是居旺的，七殺是居平的。因此紫殺運實則是個心裡很想打拚奮鬥，而身體力行方面卻不強勢運作的運程。也就是說其實奮鬥力和上進心並不是很強的。

一般人看到紫殺運中有個七殺星，就認為一定是奮鬥力很強的運程。但七殺是居平位的，勞碌是真有的事，奮鬥力和上進心卻被紫微這顆化厄呈祥的星給撫平，帶往到想享福、想平順、安和樂利上面去了。因此紫殺運是忙了半天，有一點收穫便停止了，並不十分賣力的運程。

紫殺運利於做事和忙碌，愈忙碌，收穫就會愈好，在錢財上會多進財，在事業上也會因多做事而稍具成果。但是紫殺運在錢財和事業上所獲得的成果是不能和紫府、紫相等相提並論的，這主要是紫微這顆化厄呈祥的星忙著安撫穩定七殺這顆煞星去了，因此只能盡力使一切平順、歸於平和、在別的方面它就顧不了許多了。

因此紫殺運整個的講起來，只是屬於忙碌後漸平順的運程。

紫殺運利於從事軍警職的人，和做競爭激烈的工作的人，這樣七殺這顆煞星才得以發揮，紫微再使之康泰，就可得到想要的錢財、升職等實際利益。因此做股票、保險業的人，紫殺運是有利於你們的運程。

紫殺運是不利於讀書考試的。因為七殺居平，打拚努力的力量不夠。而且人在走七殺運時是屬於苦幹、蠻幹，智力不足的狀況，所以人在走紫殺運時因為七殺又居平，努力的力量比不上別人，唸書又唸錯方向，在考試時看到試題會嚇了一跳，全是些自己沒看過的，忽略掉的題目，因此考試是考不好，成績很差的。但是呢，你所做的努力也並不見得會全然白費，很可能在另一個時段，或另一場考試中會中試。所以說紫殺運的成功是非常緩慢的，也不是當時便能收到成果的。

紫殺運在交朋友方面是利弊互見的。在紫殺運中，你可以結交到地位高，但對你態度冷淡，甚至是不太友善的朋友。這些朋友在性格上是冷淡，愛爭鬥的人，常把利益擺在前面。而你呢？在這個紫殺運中，因為具有勢利的眼光，甘願忍受冷淡、不友善的態度，想和他們結成因利益相結合的朋友。因此這是一個願打、一個願挨的狀況，所以你就不必再怨嘆朋友們都是重利輕友的人了。

※凡是運程中有紫微星的，在交友層次上都具有勢利的色彩。

天府運

天府星是沒有居平、陷落的時候的。至少它也會在得地剛合格的旺位。因此在天府運程中，大多是平順，能進財，能儲蓄的狀況。

天府星主要在錢財的獲得和儲存入庫上展現好運、旺運。它是一種中規中矩，按步就班，一點一滴，精於計算、清點，將其外界的一切利益好處納入自己所有，再將之封藏起來的運程。天府運帶有自私自利的色彩，只顧自己不顧別人。要顧到別人就無法封倉入庫了。天府是財庫星，因此這是必然的個性使然。

天府運是平和、漸進的旺運運程，它和別的運程不一樣，也看不到大好大壞的特殊狀況。人在走天府運時，必然是步伐緩慢，深思熟慮，精於盤算，用腦比較多的狀況。此時人很溫和、善於解決事情，凡事都要精確計算利害得失之後才會下決定，因此算是一個精明度高、知識性高的運程。

天府運利於賺錢和做事，是賺別人的錢，替別人做事，對於投資做生意卻是保守的。天府運是個一毛不拔、只進不出的運程，因此很多人在天府運程中會做上班族、公務員之類的工作，並不見得會做生意。倘若是已經做生意的人，在走天府運時，錢財也會源源流進，因此是個擁有不錯財運的運程。

天府運在事業上還是以進財為主，對於升官、升職的幫助不大，但由於你在天府運程中行規蹈矩，做事負責認真，也會得到上司的賞識，也可能會加薪和升職等，升了職也如同加了薪水一般，薪水是肯定會升高的。因此在天府運中升職的人，肯定也有金錢上的利益。天府運在考試上沒有直接的益處，只不過在天府運中你會精明度升高，會精打細算，會切中要害的唸到精要的課文，而在考試中得心應手，因此考試運也平順過關。

天府運在交友方面也是有勢利的色彩。這種勢利的範圍主要在錢財方面，和是否對自己有利益的方面，倒不一定是非要結交高地位，有優良家世背景的人，只要是錢財順利、略為有錢的人，而且不會向自己借錢的人，和能幫助自己在錢財、事業、學業、生活上可協助增添利益的人，都可成為自己的好朋友。在天府運中你是不喜歡常常鬧窮、錢財不清的人來做你的朋友的。也不喜歡行為乖張，講話不實在的人來做你的朋友。這就是天府運在交友方面的特性。

太陽居旺運

太陽運有兩種，一種是太陽居旺運，一種是太陽陷落運。因此屬於旺運的只有太陽居旺運了。

太陽在寅、卯、辰、巳、午、未、申宮，旺度都在得地以上的旺位。太陽在卯宮是居廟位最最旺的，在寅、辰、巳、午宮是居旺位的，在未、申宮是只有得地剛合格之位的。

首先來談太陽單星居旺的運程，這些運程主要是太陽坐於辰、巳、午宮時居旺的太陽運。

居旺的太陽運主要是利於揚名、利於事業、學業。因為太陽運是『陽梁昌祿』格中最重要的主角之一。太陽運的好運、旺運，像金色陽光般的揮灑普照，把一切人生中的陰暗面都消除了。因此在這個太陽運中，人是亢奮、努力進取的，人也會正直不阿，有為有守，講正義、博愛，為人寬宏。人在走太陽運時，人形光彩，臉泛紅光，有官運、官聲，因此在升職、升官，做政治活動時，是非常強勢的運程。也利於選舉，和大眾接觸。在人緣方面也有頭等的機緣。

太陽運在做事方面，運氣十分好，但並不一定做的精細，也可能粗枝大葉，但別人會原諒你。別人也會被你的太陽運感染，一同很興奮，很有勁的陪同你一起工作。

居旺的太陽運利於考試，不但會高中，而且會具有高分的成績。這是『陽梁昌祿』格所帶來的好運。此時的你頭腦清晰聰明，理解力強，舉一反三，做事讀書的行動力、奮鬥力都強，精明幹練，令人欣賞。

居旺的太陽運，在金錢運上不是主要的奮鬥項目，而是因為做事努力很有成果，間接帶來財運。太陽不主財，就是這個意思。但是在太陽運中仍是財運順利的，因名聲大好而得財。

居旺的太陽運在交友方面，是非常好的交友運。因為太陽本身的溫暖光亮，會吸引很多人前來附合。人在走太陽運時是寬宏、不計較別人是非的運程，以前那些與你作對、不友善的人，此時也盡棄前嫌的前來投誠，你更會一一的接受他們，化敵為友。人在走太陽運時，也會吸引太陰坐命的人來成為摯友。更會吸引到運氣本來不佳的人前來沾點旺運。因此在居旺的太陽運裡你是人緣最佳的主角和領導人了。所以你在走太陽運時更可以做老闆、做機關首長、事業的負責人、領導階層的主要領導人。也可以成為慈善事業的發起人，和團體中主導事務活動、人際關係的領導主謀者。

居旺的太陽運最喜歡再有太陽化權來助陣。『太陽化權運』和『紫微化權運』是相類似的，會使一切的事情趨吉，變好，佔有先天的好運，也佔有先天的主控權。任何人具有『太陽化權運』，在這個時間內就能強勢的主導事務，並且對男人也有懾服、領導、壓制的作用。並且在男人的社會團體中也能出頭成為領導人物。『太陽化權運』也利於考試必勝，升官必成。

居旺的『太陽化祿運』，只是在人緣關係上寬容、圓滑。在財運上也會寬裕，舒適，進一些財，但財不多。此運利於讀書、考試，也利於升官、升職。基本上『太陽化祿運』是由『陽梁昌祿』格所形成的好運、旺運，它並沒有『太陽化權運』那麼樣的強勢。它屬於溫和、寬容、慈愛、較圓滑、喜歡享受，有時會取巧型的運程。

陽梁運

陽梁運只有在卯宮時，太陽和天梁全是居廟的。在酉宮時，太陽居平，天梁在得地合格之位。因此此處所談旺運部份的陽梁運是指在卯宮的陽梁運。居旺的陽梁運主要是利於讀書、考試、升官、名聲遠揚。陽梁運都是『陽梁昌祿』格中主要的關鍵運程，因此在這個運程裡所表現的特質也就是『陽梁昌祿』格的特質，所以這個運程利於學生、公務員，一切以名譽為出發點，而有成就的人。

在居旺的陽梁運中，人會聰明、多計謀、有智慧、喜歡接近知識性的活動。也會影響別人跟隨自己的腳步而向善。

陽梁運在人緣方面也具有強大的吸引力量，能吸引別人對自己投以關注的眼神。特別是能受到比自己年長者的垂青，加以關照、幫助。

因此居旺的陽梁運也是貴人運特別強的運程。升官必須有貴人上司的提拔，考試也一樣需要有貴人主考官賞識。在居旺的陽梁運裡，隨時形成貴人運。因此在這個運程中你所喜歡交往的朋友，不是比你年長的人，便是比你年紀小很多的人，這是由於天梁星居廟的關係。

陽梁運和錢財沒有直接的關係，但由於貴人多，自己運氣又旺，打拚能力、奮鬥上進心都很足夠，做人做事寬宏，有原則，又能體諒、愛護別人，人緣特佳，因此賺錢的機會非常多，大家都把進財的機會推向你、幫助你，使你更旺，因此你的錢財是穩定的成長中，穩穩當當的源源流進你的口袋。

居旺的陽巨運

陽巨運只有在寅宮時太陽是居旺的，巨門是居廟的。在申宮時太陽只居得地剛合格之位，巨門仍是居廟。

陽巨運因為其中的巨門是暗曜、隔角煞、忌星，主是非災禍，此陽巨運實際上是吉中藏凶的運程，並不全然是屬於好運、旺運的運程。

陽巨運以在寅宮的運程稍好，雙星皆在廟旺之位，災禍、是非稍輕，但是仍然是不得清閒的。陽巨運中，太陽雖居旺，但仍阻止不了是非口舌之爭，有時候反而助長了口舌便佞、爭執上的亢奮熱烈。有點為虎作倀的味道。所以陽巨運只要不怕是非麻煩糾纏，自己又想得開，能寬容別人的指責，糾纏，自己再利用口才多做解釋，也是可以過得不錯的。

陽巨運只利於口才的應用。實際上人在走陽巨運時是缺乏應用大腦的，他們常坦白又多話，而引起事端，事後再來用更多的口水彌補自己的無心之過，因此這個運程根本稱不上好運、旺運。

人在走陽巨運時常常要道歉，承認自己的過失。讓人感覺他好像根本沒有自尊心。其實是陽巨運中的太陽星具有坦白，毫無心機、寬宏、對道歉的事感覺無所謂而形成的特殊運程狀況。

陽巨運在錢財方面沒有運氣。在工作方面做運用口才的工作，運氣會好一點，但在吵架或與人爭執方面，運氣是最好的了。因此人在走陽巨運時，常放下手邊的工件，打官司、與人廢話、談天，做一些言語上的交流活動。所以陽巨運並不好，除非是賺一些因是非而起的錢財。

陽巨運也不利於讀書、考試，會在考試中引起是非，造成口舌之爭，倘若在這個運程中減少口舌是非的爭執，多讓太陽的運氣顯現多一點，考試命中率會稍高。

陽巨運也不利升官，自己會成為眾矢之的人物，遭人議論、誹謗、閒言閒語不斷，很可能官位、職位做不久。

• 代表好運、旺運的星座所代表的運程

陽巨運在交友人緣方面看起來人緣似乎很旺，其實是你自己在聒噪，結果結交到一群『是非精』、『廣播電台』、『大嘴巴』的無用之徒的朋友，他們為你製造了更多的痲煩，讓你疲於奔命。謠言止於智者，此時你最好閉嘴，不要再展開交友活動了，讓你周圍的人冷靜下來，自己再冷靜思考一下，陽巨運才可安然渡過，自己才能喘一口氣！

日月運

日月運有兩種，一種是在丑宮的日月運。其中太陽是居陷的，太陰是居廟的，這是主財運的運氣，其他的運氣都不行。另一種是在未宮的日月運。其中太陽是居得地剛合格之位，而太陰是居陷的，這個居未宮的日月運實際上更是不強，勉強說在事業、官運有一點運氣，而在錢財上是運氣極差的。所以整體來說『日月運』是根本不屬於好運、旺運之列的運氣，因為它有太多美中不足的地方了。

日月運主要的用途是在考試上，雖然在它三合宮位的天梁也是居於陷落之地。但是仍是屬於『陽梁昌祿』格的成員，只要多努力，仍然會有中試的機會。因為在日月運中人不是沒錢，就是感到運氣晦暗，此時待在家中讀書，等到揚眉吐氣的一天，實在是非常好的自省機會。因此在日月運中暗自努力，必有成果。

在丑宮的日月運，不利升官、升職。只利於賺錢，錢財會暗暗的湧進儲存起來。在人緣方面，也受到男性朋友、男性團體的排斥。與女性的朋友，或在女性團體中較受歡迎。因此在這個運程中，你的女性朋友是多一點的。並且是性格溫柔的朋友也會多一點。

在未宮的日月運，是不利進財的，只利於做事。在升官、升職方面能得到較小的職位，是無法大升職的。很可能是升了職並不加薪的狀況。在人緣交友方面，男性比較友好，陽剛的人，也會對你友好。相對的，受到女性的排斥，也遭受性格溫柔的人所排斥。因此在這個運程中，你的朋友多屬陽剛、男性的朋友。

居旺的天機運

居旺的天機運是天機星居子宮或午宮時為居廟位的運程。這個運程主變化多端，而且在變化中掌握先機。

天機運總是動盪不安的，倘若你沒有配合它多變的韻律感，就會覺得十分辛苦，但是你若跟上了腳步，掌握了它的韻律、脈動，應用起來便十分的得心應手了。

天機運善變，什麼都會變，例如人在走天機運時，會換工作、變職務、會搬家、換環境、也會換男女朋友和情人，當然也可能會離婚，或是感情有變化，但是變來變去，倘若是居旺的天機運，最後都會有好的結果，或是朝向你心中目標的結果。例如說：不好的婚姻想離掉，居旺的天機運就可達成。不好的職務想放棄排除，也能達成。當然，若是想婚姻復合，感情復合，可利用天機運，在經過多重輾轉反複的變化之後，也能得到你心中想要的結果。

居旺的天機運會在事情歷經多次高高低低的起伏之後，產生好的變化。而居陷的天機運，是起先還蠻好的，隨後起伏變化、反覆的結果是壞的。這就是天機運在居旺居陷時各有不同的特性了。

居旺的天機運會歷經曲折而結果變好。倘若再有化權來助，或為居旺的天機化權運，則更能掌握事情變向好的方面的主導力。這一點是得到證實的。就像謝長廷先生在競選高雄市長時，他本命的遷移宮是天機化權。在投票日的當月又走天機化權運。當時競選情況激烈，不分高下，這個天機化權運便發生了作用。在最後的時段產生了主導變化的結果，以些微的差距戰勝對手而當選高雄市長。這就是天機化權運的功力了。

居旺的天機化祿運的意義不深，化祿只給天機運帶來一些小的油水罷了。天機化祿運，使人緣變好一點，依然是要幫別人工作，幫別人做嫁衣，而從中獲得一丁點的好處。因此天機化祿運自己本身是無法主導主控權的，依然要仰人鼻息才行。

人在走天機運的時候，人很聰明、機靈、善於應付變化。但光有天機運在人緣上並不見得好，甚至是有些冥頑不靈，性格衝動粗暴剛直的，所以人在走天機運時看起來很聰明，但並不討人喜歡。除非你有天機化祿運，才會有好一點的人緣。

天機運在升官、升職、考試上都不算是一流的好運，因為事情會多變化，變來變去，影響你的心情，有時候心情已降至谷底了，突然又轉向好處發展。雖然最後的結果是好的，但大喜大悲的心情幾乎讓你崩潰，或勞於奔命，驚險萬分。在考試運上也是驚險的，也許起先對你不利，或惹出一些是非糾纏你，但最後能化險為夷，讓你三魂丟了七魄，好是驚險的一刻。

機陰運

機陰運只有在寅宮時在錢財方面有一點好運。因為此時天機居得地剛合格之位，太陰居旺的關係。

稍旺的機陰運，在錢財方面的好運也是緩慢、多變化，並不是一開始便能得到財運的，需要歷經無數次的運氣起伏，事情又變來變去，最後才進了一點財，但是這點財還能儲蓄下來，故仍算還不錯的財運了。

在申宮的機陰運就很差了，算是愈變愈壞的衰運。因為太陰居平陷之位，天機星仍在得地剛合格之位動盪不安。

居旺在寅宮的機陰運是操勞奔波不斷、十分勞碌的運程，因此算是對工作、升職、升官並沒有較好的影響。因為天機在得地之位，動盪得太厲害之故。倘若你在機陰運中很快樂的在東奔西跑，愈跑愈帶勁，那這就是個帶旺運的機陰運。若是愈跑愈忙，覺得辛苦和痛苦，那就是個衰運的機陰運了。

居旺的機陰運，除了賺點錢、存點錢，似乎不適合做任何其他的事情。想利用機陰運來升職、升官，似乎沒有多大功效，老闆也許會要求你把業績做得更好。因此多賺點錢是比較實際的事情。

人在走機陰運時，心情起伏很大，敏感、多變、情緒十分不穩定，做事時也會受到情緒的影響而工作態度時好時壞。所以最好是讓自己動起來，別閒著，忙碌可讓心情變好。

在機陰運裡交朋友，你特別注意心靈感應的問題，喜歡溫柔、體貼、善於察言觀色，又能貼心安撫你驛動的心情的人。在機陰運的時段裡，你性格上的變化很大，你最喜歡和太陽坐命的人交往，他們寬宏慈愛、忍讓、不計較的個性風格，會讓你覺得找到了避風港。

在考試的時候走機陰運（在寅宮），你必須下更多的努力，以應付突如其來的考試規則，或考試範圍，因為有很多事都會意想不到的發生，這時候，你最好和女性朋友好一點，女性朋友會成為你的貴人，若是主試者是女性，會對你特別的關照。因此好運發生在和女性有關的事物上。

機巨運

機巨運不論是在卯宮或是在酉宮，天機星是居旺的，而巨門星是居廟的。這個機巨運的旺運只利於學術研究和讀書考試。在工作方面也是好的。但是巨門是暗星，多是非，因此仍然會造成口舌之災和麻煩。天機依然主動、主變化。機巨星就是一個口舌之爭、變化多端的運程。

人在走機巨運時，是非爭執是一定有的，這個運程就是靠的是口才和變化。很多人在走這個運程時，雖然剛開始的是非並不一定是他自己所引起的，但在爭吵的過程中間，他自己一定也參與製造更多的是非來引起大家的注意，讓情況更是熱烈得亂哄哄，一直要到這個運程走完了，才會漸漸平息下來。

政治人物一向喜歡利用機巨運來造勢，製造一些話題來提供別人批評討論，間接達到自己提高知名度的手段。因為他們知道機巨運中，天機、巨門皆在廟旺之位，吵來吵去都會贏。

目前在進行總統大選競選活動中，有兩位候選人，在卯年都是在走機巨運，你只要打開電視、翻開報紙，看看每天報上、新聞裡誰是最具爭議性的人物，便知道誰在走機巨運了。

機巨運不利於升官、升職，也不利於財運。因為機巨運中多變化、是非等缺點。官運和財運最怕就是善變和是非了，這樣錢也進不來，升職也升不了。

機巨運適合研究和考試，但在研究和考試中也帶有辛苦磨難的色彩，必須經過千辛萬苦才會成功，最後還是會成功。因此中途不可放棄，放棄便立即失敗了。機巨運適合研究考古學，舉凡陳年敗穀的爛事情皆可拿出來溫習，這也是以毒攻毒對付敵人的方法。

在考試時，最好也是遇到考古題，這樣一定會致勝。人在走機巨運時，是機靈、聰敏、記憶力特佳、善背頌歷史、喜於詭辯，也善於變化性格以應付口舌之爭等是非災禍的問題。因此人在走機巨運時是最堅強的人類，不怕困難、折磨、愈戰愈勇。

機巨運在人緣交友方面也是不佳。此時的你疑神疑鬼，草木皆兵，深怕前來示好的人，是對手派來的間諜，因此你會用試探的方式來證實朋友的忠誠度。又因為如此，更惹出了一些不愉快的是非。機巨運會使人在性格上善變，口徑不一致，像是變形蟲一樣變來變去，其實這些多變的變化都是為了要抵禦外侮。因此人在走機巨運時是看不到好朋友的。因為周圍也多半是出現吸引而來的是非之人。

（機梁運只是很平常的運程，故在後面才會談到，在旺運部份則省去）

武曲運

武曲單星時居廟位，因此在辰宮和戌宮的武曲運都是旺運。武曲是財星，故武曲運主要是在財運和政治方面發生作用。人在走武曲運時，常忙於賺錢。對錢財有極佳的敏感力。同時武曲運也同時是『武貪格』中的一環，能爆發錢財上的旺運，及不可多得旺運。

人在走武曲運時，會很忙碌，也會用金錢價值觀來衡量一切事物。例如說和朋友交往，他就必先弄清楚對方是否在錢財上會清楚。對於借錢不還，金錢搞不清楚有金錢糾紛的人，他是避而遠之的。此外對於不重承諾的人，對他們的評價也很低。這是人在走武曲運時剛直的一面。

人在走武曲運時，必然是富有的。也很懂得計算金錢價值。生活富裕，注重生活品質。

人在走武曲運時，只重視賺錢，並不重視升職、升官之事。但因為是旺運，這些升職、升官之事也接踵而來，錦上添花，因此升官、升職運也是不錯的。

武曲運對於考試運有正面的影響，你在走武曲運面臨考試時，你會一板一眼的把書唸好，因此一考便中，所以也利於考試。因為你不想重考、補考，浪費報名費和精神。

武曲運對於交友人緣方面，由於性格剛直，擇友的自主性很高，選擇朋友很挑剔，既不喜歡懦弱沒主見的人，也不喜歡沒有工作能力的人，不守信諾、品行有缺陷的人也一概拒絕。因此這是自我保護色彩很濃厚的交友運。

武曲運在政治人物身上是很有用的。尤其有武曲化權更是如虎添翼，肯定能掌權，具有領導地位。有武曲化祿的運程則利於生意人，能使錢財源源不絕的注入自己的口袋。

郝柏村先生在行武曲化祿運時接掌行政院長，可見武曲化祿運對升官運也是不錯的。

武府運

武府運不論是在子宮，或在午宮，都是在廟旺之位的。武曲是正財星，天府是財庫星。所以武府運實則在錢財上是有大斬獲的旺運期。

人在走武府運的時候，當然是進財最多的時候，而且錢財也是大筆大筆的進，讓你感覺到非常富有的幸福感。可是人在有了一點錢之後就會非常小心，擔心錢會跑掉，於是就非常計較吝嗇了起來，所以人在走武府運的時候，對金錢是十分精明，善於計算，在心態上是保守計較，冥頑不化的。不會去隨便做投資，也不肯輕易借錢給人。對於要賺別人的錢，他可是很快的便去收回來，收歸自己的財庫儲存起來。

武府運是個財多的旺運，對於理財有一套。此時的人，是精明幹練，概念非常好，做事也仔細認真，工作態度極踏實，很能得到眾人的稱讚。因此武府運是個會做事的旺運。武府運的升官、升職沒有直接的關連，但是因為工作態度認真，仔細，不會出錯，又老實、實在，會得到上司的欣賞，因此也利於升官、升職。

武府運在考試運方面也沒有直接的關係，可是人在走武府運時，讀書一板一眼很實在，注重信諾和名譽，因此也會考試考得好。武府運有信守的心態，很適合在學術界，公務員的環境中發展。學校的老師都很喜歡這類行為保守的乖乖牌的學生，再加上他們很努力，上進心十足，腳踏實地。因此學生在走武府運的功課都會特優。

武府運在交友人緣上，是因為聚財的吸引力而吸引人緣，實際上人在走武府運時，性格剛直不阿，一板一眼，不肯變通，有些拘泥不化，除非是同類型的人，很少人能忍受這麼保守不開通的人。但是他們又有一股特別的氣質讓人感覺到吸引，這就是人在走武府運時生活安泰祥和，一種富裕的氣質，讓人嚮往吸引而至。以前我在別本書上談到，旺運會吸引人氣的靠近，財氣也會吸引人氣的靠近，人在走武府運在人緣交際上就是靠財氣的吸引而匯集人氣，因此在交友運上也是不錯的運程。

人在走武府運時所交的朋友大多以性格、生活環境、財力、地位等相類似的人為主，不會爛交，也不會輕易接受從不認識、不瞭解的人做朋友。一定是有人間接介紹，有一層保證色彩的關係做屏障，這也是人在走武府運時保守的特性了。

武貪運

武貪運是一種暴發運，不論是在丑宮或未宮，雙星都居廟位。武曲是財星，貪狼是好運星，當然暴發的好運都和錢財有關。

人在走武貪運時，人的精神是振奮的，士氣高昂，很有上進心和打拚奮鬥的勇氣，並且也能不畏艱難的向前衝，為自己打拚出一片天地出來。所以人在走武貪運時，並不僅僅是靠好運從天而降，實際上他們付出更多的努力，有時一般人忽略了他們的努力，只看到他們暴發了好運。

人在走武貪運時，性格是強悍的，做事非常有魄力，不達目的，絕不罷休，因為有堅忍不拔的精神，事業也容易成功。而且這種強勢的旺運也會直接影響到別人對他的看法，願意把工作交給他做，給他機會，所以更加速了此人的暴發機會。人在走武貪運時，工作態度認真，做得好，升官、升職的機會更是暢旺，有時會三級跳的升職、升官。

武貪運對於讀書、考試也有十分的幫助。在我論命的個案中就發現有許多人是在武貪運時考上頭等大學、高等考試、或是研究所、博士班等的考試。因此武貪運真是無所不能的暴發運了。

武貪運在交友人緣方面，因為貪狼是顆桃花星，又是顆速度很快的星。再加上『武貪運』是個層次極高的旺運，是十分吸引人氣匯集的旺運。所以人在走武貪運時人緣都一級棒。但是貪狼是顆活動力強、速度又快，有點馬虎的星。所以人在走『武貪運』時，所交的朋友多半是些交情淺薄，蜻蜓點水似的交情的朋友。同時也因為暴發旺運，氣勢大好，錢財滾進，工作上忙碌不已，也無法對朋友付出太多的時間，所以在交友上是人緣很好，但無法深交的狀況。

武貪運適合所有的人類，軍警人員有武貪運，可立戰功，升級加薪。生意人有武貪運，事業發達，暴發財富。政治人物有武貪運可做大官、做大事。小老百姓有武貪運也可暴發錢財。學生有暴發運，考試名列前茅，可考上優等學校，就連寺廟中的僧人有暴發運，可讓寺廟名氣大盛，捐款無數，廟產大增。這真是個令人艷羨的旺運了。

武相運

武相運不論是在寅宮或申宮，因為武曲財星是在得地剛合格之位，天相是居廟位的。因此這個旺運主要是以平安祥和、安享為主的旺運。

人在走武相運的時候，因為武曲財星剛好登在旺位左右，並不十分旺，因此錢財是穩定，有一點的，剛夠舒適的生活，並不能到致富的境界。武相運主要偏向天相的安和、享福的生活。因此做事會勤勞，但適可而止，打拚奮鬥的力量還是不如其他旺運者強。

人在走武相運時，喜歡享受安逸的生活，和衣食上的物質條件的享受。他會覺得夠用就好了，不必花太多的精神去競爭賺錢。因此人在走武相運時，步伐是較緩慢的，信心十足，安祥優閒。

武相運對於做事方面會周到仔細、也能夠在工作上有表現。因此也可能會升官、升職，因此在發表升官、升職的消息時，是絲毫不會讓人驚訝的。

倘若武相運中有武曲化權，在進財方面，其人就更有奮鬥力和主控權了，賺錢也會多，這和武相運中有武曲化祿是有同樣的增財能力的。當然，武相運中有武曲化權是對政治人物更有利的，台北市長馬英九先生在寅年競選期中，就是利用武相運中有武曲化權的特性，具有政治的主導能力而競選成功，高票當選的。

一般的武相運在考試方面，只能達到中度的水準，成績不會太好，勉強可以考得上。但是有武曲化權時，情勢就會增強，就一定會考得中，成績也會大好了。

武相運在交友人緣方面是極佳的。人在走武相運時，做人很正直，又有愛心，會體諒人，喜歡幫助別人，也喜歡管閒事，服務別人。因此在這個運程裡的人，喜歡做和事佬，任勞任怨為朋友服務，人緣非常好。但是正在走武相運的人是最怕別人嚕嗦的了，倘若別人糾纏不清，他便會相應不理，再也不管他的閒事了。

居旺的天同運

居旺的天同運是居於巳宮、亥宮，天同居廟位的天同運，這是『紫微在辰』、『紫微在戌』兩個命盤格式的人會碰到的。居旺的天同運會使萬事呈祥，一切平安順利的度過，因為天同運多半帶有溫和、懶的色彩，因此這是個『無為而治』的任其自然發展的運程。

居旺的天同運是個非常巧妙的運程，再多尖銳的事情，糾纏不清的是非，到了這個運程，便愕然而止了。通常人在走這天同運的前一個運程是破軍運。破軍運是除舊佈新，打拼奮鬥的運程，人在破軍運中會否定很多東西，又建立了新的東西，搞得人仰馬翻，十分勞累。接著走天同旺運，著實的好好休息了一下，也再次做了一翻省思，因此才會有接下來的武府運，大豐收一切的利益，包括了錢財上、工作上、知識上、人緣上的利益。因此這個居旺的天同運雖然是帶有一點慵懶味道的運程，實則是聰明睿智的運程。人在走這個居廟的天同運，就連偷懶也是非常聰明能取巧的。

人在走居廟的天同運裡，性格是溫和、巧智、頭腦清楚，十分懂得人情世故，也能合情合理的做人處事，因此是十分受人喜愛，人緣極佳的。一方面因為沒有尖銳的競爭心，能體諒周圍的人，因此受人愛戴。在工作上、升官、升職運上，都混然天成，沒有人會來和他爭奪名位。因此有利於升遷運。

在金錢財運上，天同運也是平凡舒適，有固定收入。錢是緩慢而源遠流長的進財，絕對沒有大進大出的驚險狀況。

在人緣交友運上，此刻的你是喜歡溫和、有涵養的人，不喜歡尖銳、不通情理的人。因此在你的四周就會出現溫和又世故，通情達理的人。凡事都好像自然形成一種規律、規則化的趨向脈動，一切的人、事、物都突然變得簡單，而且自己就會運作，絲毫都不需要你來操心了。

居旺的天同運是一種禮讓、謙和的運程，因此在考試讀書方面也十分順理成章，成績會在中等以上的成績。考試也很順利考上，並且也不會受到排擠或嫉妒。該次考試題目是極為簡單、容易解答，而且能取高分的題目。

倘若運程中再有天同化權的人，更是無比的旺運了，從政的人會有自然的眾望所歸，被推舉出來任領導之職的情況，這彷佛像黃袍加身一般的令人驚奇。一般人有天同化權運，也會在工作上得到天然鑄成的領導地位。做生意的人有居廟的天同化權運，在做生意之中，會突然有人把生意送上門來給你做，讓你大賺一筆。我就曾看到一位做海外貿易的先生，在走天同化權運時，有一家外國極負盛名的公司找上他，願與他合作，並且分給他一半的產權，此位先生從此將公司業務發展到十幾個國家之中，形成了國際性的機構，也著實登上富翁的寶座。當然這位先生同時還有『火貪格』。但是在外國公司找上他時，確實是在天同化權的旺運時發生的。

天同化權是在自然而然中形成的一種強勢主導掌權的力量。天同化祿是在自然而然中人緣好，機會多，而形成進財的一種力量。天同化祿是世故、圓滑的成份多，而致事情一定會成功。但是它與天同化權比較起來，仍是稍弱的。而天同化科雖然也是很好的旺運，主精明幹練、頭腦清晰，但仍是較次於前兩項的功力的。

居旺的同陰運

居旺的同陰運是在子宮的同陰運。此時天同居旺太陰居廟。人在走這個居旺的同陰運時，頭腦聰明、清晰，學東西很快速，一學就會。做事情也很有條理。做人處事也知情達理，而且懂得運用人情中的溫柔面來攏絡人，因此是個人緣絕佳、情感豐沛的運程。

居旺的同陰運適合工作、學習、做人際關係、做學術研究。人在走這個運程時心思細密，容易感情用事，喜歡用感覺去衡量人。也善於察言觀色。人在此時性格溫柔、體貼、多情、善感、情緒有一點起伏，但天同是福星、懶星，因此此時的人有點慵懶，縱使有一點不愉快，也懶得用腦子多想，故而減少是非，事情就不再起波瀾了。

居旺的同陰運也利於工作、升職、升官，這是實至名歸的升遷，大家都會為你高興，因此沒有嫉妒你的人。此運因為人會細心、踏實的工作，故而可做精細的、追根究底的研究工作，或是做感覺、感應深刻的工作，例如藝術類的工作等。

居旺的同陰運也適合考試、讀書，讀書會讀得很深入、很徹底，成績會考得很好。

居旺的同陰運在人緣交友中是最拿手、最會打動別人的時刻。人在走此運中多情、善於與人心靈相通，感應靈敏，又會利用極富感情的話語打動別人的心。或用貼心的言語觸動別人內心深處暗藏的心思，因此同陰運是交到密友，與朋友交心的最好運程。

居旺的同陰運在錢財方面，是穩定且有可積蓄錢財的，但是它是緩緩而進的錢財，像是薪水，固定可進的錢，像是收租之類。它也不是大進大出的錢財。因此同陰運的財並不如你想像之大。

軍警、政治人物若已坐上高位了，適合走居旺的同陰運，若人正在打拚，或遇到選舉，居旺的同陰運就太軟弱了，會有稍微不利的影響。同陰運最適合公教人員和薪水族的上班族，錢財可積蓄存留，是非常不錯的旺運。

居旺的同陰運中，若有天同化權或太陰化權，是最好的了。有天同化權的人（丁年生的人），同時會有太陰化祿，因此這個同陰運會帶來強勢的財運和工作上、地位上的主導能力，這是旺運中的旺運。若是同陰運中有太陰化權的人（戊年生的人），會在平順、安祥，又不費力的狀況下，具有強勢的財運，這也是眾人都艷羨的旺運了。

居旺的廉貞運

居旺的廉貞運，是指在寅宮、申宮時廉貞單星存在時旺居廟位的運程。這是『紫微在辰』、『紫微在戌』兩個命盤格式的人會遇到的。

居廟位的廉貞運是具有計謀、暗中計劃、足智多謀、善用心計的運程。這也表示其人正處在一種勞心勞力的精神掙扎的層面。人在走這個廉貞運時，表示都沒有好日子過。睡眠時間少，精神亢奮，喜歡多想，有工作狂，喜歡算計別人，這種算計不一定是壞的，可能只是一種競爭心態，常設定競爭對手，將之比喻成『假想敵』，經常沙盤演練，好將『假想敵』擊潰。

人在走廉貞運的時候是非常陰沈的，也很會運用人際關係，好像人緣十分好似的，其實他都在搜集情報，欲戰勝心目中的『假想敵人』。所以人在走廉貞運的人緣交際都是十分假的交情，而且常會用利益、利害關係去交換友情，來鞏固自以為是交情好的、關係密切的連鎖關係。因此廉貞運的人緣關係常是為某種目的而實行的，而且是經過設計而成，假象示好的人際關係，很多人在這個居旺的廉貞運裡攀親帶故的，或託別人介紹而去認識高位、權重及財大氣粗、或比自己有名的人。這種做人態度並不一定會得到別人的接受。有時候也會踢到鐵板，或遭到冷眼對待。

廉貞運是帶有一點兇性，強力出擊，運用巧智來攻城掠地的運程。所以這個運程對自己是非常好的，但別人對你就不一定喜歡了。

在居廟的廉貞運中，你在工作上會有表現，而且很知道如何來討好上司和頭家。並且你也設計一些對自己有利，展現自己長處的活動和小把戲，讓上司和老闆認識你的才智。在這個廉貞運裡面，唯一讓人擔心的是，你常表現太露骨、太過頭而引起周圍同事的反感和嫉妒。有時你也會越級報告，直搗黃龍的到大老闆處去表現，而引起你直屬上司的不滿。所以在這個廉貞運之中，是利害互見的。你可能三級跳的升級，但卻引來是非和閒言閒語。也可能設計並不很成功，而遭同事訕笑。但是在居廟的廉貞運之中，你確定是會有工作表現的，而且是深思熟慮的，在這個運程中的工作表現，也可能會在其他的時候才獲得收穫，這是不一定的。端看你智力運用的效果如何了。

人在走廉貞運時會私下暗地裡讀書，做出讀書計劃，喜歡從別人處旁敲側擊的打聽考試的情形，所以表面上看起來這個不吭不響的人，最後考試成績卻爆出冷門的好，讓人十分驚訝。

人在走廉貞運時很會打探情報，喜歡做些暗中拉關係或者是不算光明正大的事情，凡事都喜歡秘密進行，讓別人無法招架得住。因此這個運程很適合政治人物和軍警等保密防諜的工作。廉貞星是囚星，專管品評職等和掌權令，因此在走廉貞旺運的人，特別喜歡爭權奪利，以達到掌握大權、發號司令的地位。

居旺的廉貞運對於一般人也只是多用一些心計在工作上和賺錢上，也會用心計去巴結別人，以達升官和賺錢的目的。當然也就在這個運程中是分外辛苦、勞祿的了。

廉府運

廉府運不算旺運，只是一般平凡中還算不錯的運程。因為天府居廟的關係。在廉府運中廉貞是居平位的，因此智能是不足的，更談不上計劃、策劃的能力了。這個運程主要在賺取錢財，並努力計算，使之入庫儲存起來。因為智慧和策劃能力都不佳，因此不喜歡和人發生衝突，也不喜歡表現（表現能力很差），是故只是以溫和的，暗中計較的形勢來偷偷的存自己的錢財。

人在走廉府運的時候喜歡享受，也會有小奸小詐的舉動為自己謀利，所以人在走廉府運時是十分具有自私色彩的運程。但這些小計謀都會被人拆穿。

人在走廉府運時，會用借花獻佛的小利益去討好別人，或和人做利益性的交換。他自己是一毛不拔的，都是用別人的或公家的錢去交際應酬。人在走廉府運時，交際應酬特別多，同時也是利用這個交際應酬的關係來賺錢。

廉府運在工作上不會有重大表現，只是保守的，儘量不出錯的，當一天和尚敲一天鐘。但是他會用人際脈絡來鞏固自己的職位。人在走廉府運時喜歡搞小圈圈、小團體，形成自己人的鐵鍊聯合關係，而鞏固自己的地位。也會用利益交換的方式和別人建立特殊關係而鞏固自己。

廉府運看起來是個有點愚笨，做事的功力很差，但做人的本領一流的運程。但是在現今的社會中，這種現象十分普遍的存在，正逢迎了社會潮流，所以成為多數人喜歡的運程。

廉府運在考試上是不利的，因為智慧低、讀書讀不好，很可能要用其他拉關係、旁門左道之法才能通過考試或考上。不過呢？在這個運程中，你既使考不上也不會心裡難過，你是毫不在乎，依然能過得很好，很舒適的。

廉府運適合靠交際應酬過日子的人，例如拉保險、做股票，你們會小心翼翼，只進不出，斤斤計較，然後把錢都賺進自己口袋之中了。

廉府運是保守的、小心的、有點懦弱、有點勢利、自私，只顧自己的運程，同時也是愛推御責任，不敢擔當，又喜歡利用別人來做擋箭牌的運程。所以政治人物在走廉府運時是狡猾的，說話不實在，亂開支票，不見得會信守承諾的。一般人在走廉府運時也會投機取巧，專靠裙帶關係或巴結貴人而自保，做事並不認真負責的。因此廉府運對自己個人來說算是好運，可以生財、儲財，對自己有好處，但對其他的人，周圍的人來說卻不算好運了。

廉相運

廉相運是一種平和的好運，雖然運氣並不旺，因為廉貞居平，天相居廟，天相又是福星，是一顆穩定、勤勞、自重、自我約束力強、又能體諒別人、服務人群的福星。雖然廉貞居平，沒有特殊的智慧、智能來策劃，又沒有足智多謀的思想來搞怪，此時天相居廟，所發展出來的穩定、趨吉的力量比較強，因此廉相運是得到大家喜愛、人緣好、容易任勞任怨，得到最佳人緣機會的好運時期的。

人在走廉相運時是一板一眼，老好人的姿態。走此運的時候，思想和行動都較緩慢，不過做事中規中矩，剛開始可能會受到別人的嫌棄，但是稍有時日和經過一段時間，便會得到別人的肯定和欣賞。

廉相運是不積極、沒有侵略性，也不積極爭取的運程。它只要靠不斷的做，不斷的努力而使天下太平。廉相運因為有天相星，因此它是一種傻傻的，能惜福的，能處理善後，幫別人收拾殘局的運程。同時它也是能做和事佬，居間協調的運程。也可能就是因為別人覺得在走這個廉相運的人，智慧不是很高，因此沒有防衛他的心，而願意放下攻勢而與之協談。所以人在走廉相運時是適合參與談判，尤其是與命宮有破軍星的這等煞星坐命的匪徒或兇惡的對手談判，別人談不下來的，他都可勸其棄械投降。

廉相運也有自己的風格，例如頑固、一板一眼、講求公平、公正，講正義，雖然有時候會成為不合潮流、實情的好笑狀況，但最後都會被擁有此運的人堅持而成為可能。

人在走廉相運的時候，態度慢慢的、很篤定的樣子。在此運中唸書參加考試，也是慢慢的，不急不緩的，一點一滴的唸，縱然是考試時間相近了、來不及了，他還是慢慢的唸，一點也不慌張，所以考試成績平平，在中等左右，有時會更低。考中機率也在百分之五十左右。

廉相運適合公教人員和領薪水的上班族。不適合政治人物和軍警或做激烈競爭行業的人，這是比較軟弱，安享，不求進步，學習能力很差的運程。

人在廉相運中講求穩定和生活舒適、少麻煩為主要職志。因此不會去惹無謂的麻煩。除非在這個廉相運中有廉貞化忌在其中，就會惹桃花和官非的問題了。倘若廉相運裡還有擎羊星，則是『刑囚夾印』的惡運了，會有不走正路，犯官事遭慘死的惡運結果。

廉相運中有廉貞化祿的人，會在這個運程中特別注重精神享受，喜愛藝術、音樂、古董，或談情說愛等享受。是一個絲毫不寂寞的人。

居旺的太陰運

單星居旺的太陰運有很多種類。例如有坐於亥宮居廟的太陰運。有坐於戌宮居旺的太陰運。有坐於酉宮居旺的太陰運。

居旺的太陰運最主要的特徵就是能緩緩平和的進財，能儲存積蓄財富，因此人在走居旺的太陰運時很會存私房錢。在此運中會和女人的關係特別好，有女性貴人能幫你生財。並且人在行此運時極富感性，感情充沛，如決堤的江河，容易墜入愛河，也容易感情用事，喜歡用情感去打動別人。另外居旺的太陰運因所坐宮位的不同，也會有不同的特性。例如：

居亥宮的太陰運

行此運時，因流運遷移宮是天機居平，外在的變動快速，又呈現不佳的變動狀況，因此此時的運氣是保守的，自力更生式的、自旺型的運氣。此時所能進的財大部份是來自租金和利息所得，一部份是固定的薪水。在工作職位上以平穩、隱忍為重要，不可急進的進取，以防職務有變化。此時你是敏感、善於察言觀色，知道隱藏自己的鋒芒，小心翼翼的在做事的人。在考試運上，你會讀了很多書，滿腹經綸，但是尖銳的、競爭激烈的考試對你不利。你若從事藝術性、文職、會計、計算型的考試比較有利。此時你的文章優美，善於感性的表達，因此參加文職、文學性、思想性、會計、珠算考試成績會好。若從武職、考軍校、運動類、股票經紀人、保險經紀人的考試則不一定會通過。居亥宮的太陰運講求柔情的訴求，但外界的狀況不好，機會少，你的競爭力又薄弱，因此若要參加選舉，以哀兵姿態，哭訴哀求的反傳統方式才可能有致勝的機會。此運中若有太陰化權，反而可以成為有強勢主控力的運程，以柔性、感性的力量，強弱之間運用自如，是必然可成的。

居戌宮的太陰運

行此運時，因流運的遷移宮中有太陽居旺，因此是個愛熱鬧、愛嬉笑、有柔情、有陽光的旺運。人在行此運時，人緣都非常好、活潑、大方、慷慨、美麗、有同情心。異性緣也特別好。

行這個太陰運時，機會特別多，賺錢、存錢都很容易，是非常忙碌的運程。人處在此運中很會體貼別人，是溫柔又昌旺的好運。戌宮的太陰運利於讀書考試，你會在這個運程中非常聰明、敏慧的體會出試題的範圍和可能出題的精要部份，而命中試題，考得不錯。

•代表好運、旺運的星座所代表的運程

此太陰運由其利於演藝人員的表演活動、感性的演出會感動非常多的觀眾，而成為成功的演出。

一般人有此太陰運，是活動能力強的，喜歡參加藝文、藝術性的活動，也喜歡自我表現，喜歡受人稱賞，愛撒嬌，需要有人來呵護、鼓勵，叫好喝彩的。

居酉宮的太陰運

行此運時，因流運的遷移宮是天同居平，外在的環境是一種心態懶散、忙於玩樂的疏忽心態。因此人在走這個太陰運時，其實並不積極。賺取錢財的方式是用一種既有的模式在運作，例如上班後就只賺取薪水，生意人就靠固定的生意在賺錢，不會另外去打拚、賺外快。這個太陰運依然是進財順利、緩慢，又能積蓄錢財的財運。

此太陰運利於在事業進入佳績後，繼續持盈保泰，使財產增多。此時你會固守本業，繼續充實你的財庫，而不會再多作投資或額外的去打拚，或開發其他的連鎖、相關事業。所以這個運程是穩當的、富有的、心態安逸的運程。

你在這個居酉宮的太陰運中參加考試，倘若原本你的程度不錯，你就會考上。但是你原本的程度不夠，此時再能增加考試能力的部份也不強，這是因為外在的環境中是天同居平，有些懶惰的原因使然。

一般人在走此太陰運時，雖然也會很敏感，但是不喜歡惹麻煩的，也不喜歡受制於人，被人推動做事情。他喜歡慢吞吞的，用自己的方式來過生活，過自己喜歡的、感性的生活。此時他不需要你的喝彩，只需要你認同，給他空間就可以了。

這三種居旺的太陰運都不適合競爭激烈的工作和場合，它們是溫文儒雅有氣質、感性佳的運程。若是在太陰運中參加同學會、朋友的聚會或大型的宴會，這是最合適不過的場合了，人會特別聰明、美麗、有親和力，會成為最成功的宴會主人或是來賓。

台北市長馬英九先生是太陰、文曲坐命亥宮的人，流運中也常走這個居廟的太陰運，因此在他的任內，台北市設有文化局長之職，市政府的廣告文宣也多半以感性、知性做訴求，這是和前任市長剛硬的作風有所不同的，是故太陰運不但會影響到個人的流運和本人的性格、風格。也會影響到所有在他周圍生活、職責所及的廣大百姓。其效果是驚人的。

居旺的貪狼運

居廟位的貪狼運是在辰宮和戌宮會出現，這是『武貪格』的重要一環。具有暴發運程，屬於超級旺運。

居旺位的貪狼運在子宮、午宮會出現，由於流年遷移宮會出現紫微星，外界的環境是高尚、高地位的環境，一定會受人敬重，可以自尊自傲的生活著。

居旺的貪狼運共同的特徵都是運氣特別好，有極度的旺運。這個旺運是極廣泛的，例如在財運、官運、升職運、讀書運、交友運，在一切生活細節上都擁有好運。

但是位於辰、戌宮的貪狼運和位於子、午宮的貪狼運，因為流運的遷移宮不同，也會具有個別特殊的性格特點和旺運結果的不同。

居於辰、戌宮的貪狼運

此運屬『武貪格』暴發運具有偏財運，在辰、戌年會暴發旺運，大發財利又致富。每年流月、流日行經此運時也會暴發小的偏財運和旺運。只有在大運、流年、流月、流日、流時三重逢合時，也必須在辰、戌年才會暴發最大的偏財運和旺運。

此種貪狼運最重要的是暴發在工作上的旺運，再由工作中獲得大筆財富。人在行此運時，態度剛直，勇猛直前，有工作狂，喜歡奮鬥，是一個奮鬥力與上進心十分旺盛的運程。此時你不會無聊兮兮的找人聊天玩樂，你會長時間的陷於工作當中，絲毫不覺得疲累。

人在走貪狼運時，機會特別多、特別好。這時候什麼異想不到的機會都會出現。你也根本弄不清楚這些賺錢或升官的機會是如何冒出來的？你只是忙著豐收成果，嘴都笑得合不攏了。

在辰、戌宮的貪狼運適合軍警職的人，也適合生意人，這是需要極度競爭激烈而形成的運勢。這個運勢帶有強勢的、兇悍的味道。有人得此運時，旁邊弱運的人常常都要讓開，讓此人強勢的進入旺運區。此運中有貪狼化權的人，是更能夠暴發超級旺運的人。

讀書考試的人遇有此運，競爭心激烈，也會勢在必行的得到勝利。人在考試時逢此運，會有特殊的機緣和好運，能夠掌握猜中試題，考試能得高分而高中。

在人緣交友運中遇此運，會吸引大批的朋友前來沾喜氣、旺氣。但是人在走這個貪狼運時是十分忙碌，無暇顧及人緣交際應酬的，因此人在走這個貪狼運時，會保持與別人的距離，在人緣關係中是淺交的狀態，並不會和人說知心話，就連自己最親近的家人也是一樣，他會以不得罪人，稍有距離的姿態應付人。

居於子、午宮的貪狼運

這也是一個極具奮鬥力與上進心的旺運運程。因為流運的遷移宮有紫微星，因此行此運的人在氣度上是雍容華貴，有些自傲，人緣關係很好，但是他與人也會保持一定的距離，不會得罪人，很圓滑，交際手腕好，可是不會和人交心，說心裡的話，就連自家最親密的人也一樣是防守嚴密的。在工作、事業上行此運，一定會有無限多好的機會一個接一個的出現，並且都是極富水準的機會，有升官、升職運，而且有三級跳直線上升的趨勢。

倘若亦有火星、鈴星出現在這個貪狼運之中，就形成『火貪格』、『鈴貪格』，形成暴發財富的偏財運，會中大獎，或突然得到長者所賜的一筆錢財，或是在工作、事業上大撈一筆。

在子、午宮的貪狼運利於文人、文職、升官、升職、考試、讀書，此運由於流運的遷移宮中有紫微這顆沈穩的星曜，因此人處於此運時，本身的程度會高出一般人很多出來，故而旺運一開始便居於趨前的領導地位，所以考試會高中，而且成績非常好。升職、升官也會得到自己想要的高位。倘若在此運中，有貪狼化權和貪狼化祿的人，更是錦上添花的增加了好運的機會，成績會更好、更高，甚至中狀元、做榜首。

做武職或競爭性強的工作的人，其實此運也很適合。機會多、賺錢容易，好運連連，周圍的朋友、同事、上司都爭相送上好運，使你應接不暇。

人在走這個貪狼運時，頭腦聰明，反應快，能言善道，學習力強，多才多藝，喜歡表現，慾望多，不滿足，好大喜功，做事求快而馬虎，人緣好，但善於應付人，做人比較不真心。又喜歡掩飾自己的缺點，有時也十分自傲，無法虛心接受批評。人在走此運時，容易從事藝文、教育性的活動。喜歡辦活動、運氣好、活動力強、非常忙碌不喜歡停下來，也不喜歡遇到不愉快的事情。若是遇到不悅的事物很會閃躲，不會正面衝突，是十分圓滑世故的運程。

居旺的巨門運

巨門單星居旺的運程有兩種，一種是居於子宮或午宮的巨門運，此時巨門居旺位。因流運的遷移宮中是天機居廟，所以這個居旺的巨門運實則擁有變化萬千的多變機率。但也因為天機和巨門都在旺位以上，所以再怎麼變最後也會變好，只是中間的過程複雜一點而已。另一種是居於巳宮或亥宮的巨門運，因為此時流運的遷移宮中主星是太陽，太陽居巳宮為居旺，太陽居亥宮為落陷。所以居於亥宮的巨門運是較佳的巨門旺運。而居於巳宮的巨門運則顯得晦暗，是非糾纏更是不清了。這個巨門運就對於很多事物不算旺運了。

巨門運的特徵就是口舌是非多。居旺的巨門運，則利於運用口才來多做解釋、反複的糾纏而致勝。巨門是暗曜、是隔角煞，因此巨門本來就不算吉星。但是在現代社會中工商業發達，有許多人靠口才吃飯，倒如業務員、推銷員、保險經紀、股票經紀、教師、房地產經紀人等之類的工作盛行，靠口才吃飯也成為合理正當的工作，故而巨門星就升級成為有部份趨吉的吉星，但是它本身所帶有的是非糾葛的色彩，仍是免不了的。

居子、午宮的巨門運

此運程因流運遷移宮是天機居廟。人在走此運時，份外機靈、善於應付突發的狀況，也善於巧辯，口舌銳利。但是容易惹上是非，引起口水戰。此時通常吵架很兇，也會贏，倘若有巨門化權在此運中，更是能成為主導是非混亂的主角人物，並且逢吵必贏。

人在走巨門運時，都特別愛競爭，愛惹是非，不怕麻煩，是一個讓別人看了都頭痛的人。人在走此運時，也常常會放下手邊的正經事去參加具有爭議的活動，例如參加遊行示威，有反抗傳統道德的行為。有些人更會在此運中標新立異，奇裝異服，或做出不容社會見容的事情來。所以人在走巨門運時也會坐牢、吃官司。巨門運不完全是個旺運。

巨門運最有用的是在政治鬥爭和選舉上。倘若你在此運中具有巨門化權，你就是個具有煽動群眾能力的人。也能夠主導政治鬥爭中致勝的關鑑。像是以前的大陸領導人毛澤東就具有巨門化權的運程，在多次政治鬥爭中就能掌握先機，成為政治贏家而壽終正寢。倘若你在此巨門運中有巨門化祿，走此運時，你就是個言語油滑的人，而且可用口才賺取財富。

考試運遇到巨門運，情況不會太好，因為考試運和讀書運都是需要平和、穩定的旺運。巨門運雖增加了競爭心，但是非太多，會影響到考試成績。並且在考試期間發生是非，是十分不智和衰運的事，可能本來成績還不錯，但不被錄取。

升官、升職運遇到巨門運也是一樣，同樣因是非災禍的糾纏而無法順利達成，並且謠言、誹謗、黑函層出不窮，讓你疲於奔命，所以巨門運在需要平和成功的運程裡都不屬於好運。

巨門運對於人緣交友方面，你在此運中會交到勾心鬥角的朋友，或是原來很親密的朋友突然與你有口舌之爭或產生離心離德的問題，讓你心中非常懊惱生氣。

巨門運就是個浪費口水很多，又十分勞碌忙於應付各種上門而來的是非紛爭問題的運程。有時候，人在此運程中也喜歡自找麻煩，故意找人吵架或是用挑釁的行為引起別人注意。不過這些都是非常不智的行為。

居子、午宮的巨門運若在三合宮位中遇到擎羊、火星，就會自殺身亡，是一種不智的衰運，歌星于楓就是在此運程自殺斃命的。

居於巳、亥宮的巨門運

巨門運本來已不能算是旺運了，只是它口舌厲害一點而已。居亥宮的巨門運，因為流運的遷移宮中的太陽居旺，口舌是非雖然多，但外界的環境是光明寬容的環境，因此人在走此運時，吵吵鬧鬧仍過得不錯，心裡也不會留下爭吵、爭鬥的陰影。

居於巳宮的巨門運，因為流運的遷移宮中的太陽居陷落之位，口舌是非混亂、外界的環境晦暗不明。很多人走此運時不是官非纏身，便是牢裡蹲，很難會有好下場的。

居亥宮的巨門運仍然可以考中考試，因為流運對宮的太陽居旺，是明亮的『陽梁昌祿』格，反照過來，所以仍有考運。居巳宮的巨門運，考運就暗淡無光了，除非禁閉在家中或封閉場所中考試，否則是不會有好結果的。

居亥宮的巨門運若有巨門化權，力道很強，能在政治鬥爭中致勝。居巳宮的巨門運縱使有巨門化權，也免不了落難入獄，成為爭議性很大的人物。一些癸年生，命盤格式又是『紫微在寅』的人，巳年時就會走到這個巨門化權運，雖然很勤奮衝動，喜歡打拚，又覺得自己具有鼓動風潮的力量，但別忘了外面的大環境是不明朗而暗淡無光的，因此在巳年總會發生一些事情而換工作。或是自己家裡鬧得不可開交，一直要到這個流運結束了才能平息。

辛年生的巨門化祿運的人，雖然可靠口才進一點財，但非常少，因為不論是巨門運在巳宮或在亥宮，在這個運程中的流運財帛宮都是天機陷落，財運不佳的。因此不論是巨門化權運，亦或是巨門化祿運都是是非爭吵、爭鬥多一點，讓人煩惱的運程，實際上財運，工作運都是不佳的。有巨門化祿運的人，會比有單星巨門，或是有巨門化權的人能圓滑應付是非口舌，反而能化解掉一些大災禍，但仍不能躲掉一些小麻煩。

居旺的天相運

單星出現的天相運只在丑宮是居廟位的，極旺。其他在未宮、巳宮、亥宮，都只有居得地剛合格的旺位。天相本是勤勞自重的福星，居廟時福力最雄厚，居得地剛合格之位就會比較勞碌、辛苦一點。落陷時會更辛苦。因此也只有在丑宮的天相運是最能享到福氣的。

人在走天相運時，表面上看起來好像很平和、穩當、不慌不忙，過得很舒適，其實此人只是在喘息休息。我們看這流運天相運的遷移宮中正好都有破軍星，代表在天相運時的外在環境中正是百廢待舉，須要人在此時重整齊鼓來善後和整理妥當。天相運正是這個收拾殘局、整理妥當、整齊的運程。

在丑宮居廟的天相運

此運因流運的遷移宮是紫微、破軍，表示外面的環境是經過高智慧有效的打拚，所產生的破耗，而破耗並不算太嚴重，因此這個天相運在收拾殘局方面就不需太花力氣，而可多享一些福氣了。這個天相運因為居廟位的關係，享福是最多的。此時會性格平和、氣宇安祥，凡事不慌不忙，行動緩慢，進財順利，在工作上沒有太大的表現，有時候會有點懶，不喜歡花太多的精神去思想事情，雖然是很享福的運程，其實是不用大腦，注重衣食享受的運程。不過呢？倒是也一路平安無事，讀書考試的人遇到這個天相運，會按步就班的讀書，倒也順順利利的參加考試，一定會順理成章的考中，成績在中等左右。

工作的人遇到居廟的天相運，做事很順利，不會有人找你麻煩，一切在平安中度過。這個天相運是休養生息的運程，不適合用來打拚，奮鬥。因此處在此運的政治人物們都會躲在一旁隔山觀虎鬥，而不會親下戰場去應戰。

人在走天相運時是膽小怕事的，也會怕麻煩。倘若在此時有點麻煩事拜託他，一定會遭到他的嘮叨不悅，唸了很多才會幫忙。天相星雖是公道星，有正義感，但怯懦，怕負大責任，小事情他還是會盡心盡力去做好的。人在走天相運時喜歡生活享受，注意衣食，也喜歡養鳥蒔花養草，注重生活品味。因此居旺的天相運是個具有濃厚人文色彩，安祥平和的好運。

•代表好運、旺運的星座所代表的運程

在未宮的天相運

此運只居得地剛合格之位，是『紫微在丑』命盤格式的人會碰到的。因此流運的遷移宮也是紫破居廟位之後，這表示此時外面環境的破耗雖不嚴重，此時其人仍是得稍為操勞一點的，但是仍然可享受安逸舒適的生活。

此運程的人，會在思慮上多操勞，也就是說人走此天相運時，想得較多，因而操勞。也因為此運程的人在流運財帛宮中的天府星只在得地之位，表示其人在此時所賺的錢只是剛夠生活，因此必須多努力才能有多餘錢來儲存。

考試運碰到這個天相運，不見得會考得上，因為代表此運學業智慧的事業宮正逢空宮弱運，又有廉貪相照，是故功課程度不好，又會東想西想，雖然看起來操勞努力，實際上並沒有真正用功，所以考運也一定不好的。

在工作上、競爭上，這也不是一個能幹的好運，只會做一些瑣碎，沒有大用途的雜事、無法真正切入正題，有大的表現。

在巳宮、亥宮的天相運

此運因流運的遷移宮是武破，表示走此運時，其人的外在環境正是一個窘困的現象，沒有什麼錢，又有一大堆帳單要付，很讓人煩惱。但是此運的財帛宮是天府居廟，其人走此天相運時，非常想望賺錢，也會拚命去賺，也努力存錢，最後會把財運打平，並且有一點儲蓄，使生活平順下來。這個流運的問題，就是在解決金錢問題。

考試時碰到這個天相運，因為流運的外在環境不佳，可能會因為考試時沒有錢交報名費，或是考試時遇到一些破耗、傷災的事情，情形並不順利，也不一定能考上。在本身程度也不是很好，也常會放棄考試，考運不佳。

※天相運是個軟弱的運程，常因外在環境的破耗多，而影響到旺運的發展。所以一般來說都只是一個普通的、小康局面的運程。況且所有單星天相運所代表智慧的官祿宮都是空宮，表示天相運其實是個智商不足的笨運。因為笨所以不爭，因此能享太平舒適的生活。這也是天相運平凡的原因。

居旺的天梁運

單星居旺的天梁運有四種。頭兩種是天梁坐於子宮或午宮居廟位的天梁運。這是『紫微在卯』、『紫微在酉』命盤格式的人會碰到的。另兩種就是坐於丑宮或未宮居旺位的天梁運了。這是『紫微在寅』、『紫微在申』命盤格式的人會碰到的運氣。

在旺位的天梁運，都具有『陽梁昌祿』格的運氣，容易在知識水準上，學業上，名聲、地位、升官之途上大有斬獲，能提升自己的名利層次。天梁運也是貴人運，有蔭福。是可以得到比自己年長者，上司、師長，同輩中年紀較自己為長者的好感，願意出手幫助的人。在天梁運中，自己對比自己年幼者，或對自己的晚輩也同樣具有慈愛之心，願意照顧幫助他。

人在走天梁運的時候，態度穩重、有威嚴、正義感重、有慈善心、喜歡辯論、脾氣固執、聰明、善謀略、愛替人出主意，做軍師，也愛管閒事，常忙於別人的事情，自己家有一堆事沒做。人在走此運時也喜歡競爭，與別人比強，更喜歡搞小團體，做老大，只照顧自己人，有自私的心態，很多人在走天梁運時信了教，參加宗教團體，達成了搞小圈圈，照顧自己人的心願。

居子、午宮的天梁運

此運因流運還移宮是太陽星，最直接受到『陽梁昌祿』格的影響，但在子宮的天梁運會較順利，因為太陽居旺。在午宮的天梁運稍次等，因為太陽居陷位。但是在考試運上是沒有影響的，都是頭等好運、旺運，是一定會考到理想的分數，高分錄取的。

在子宮的天梁運比較利於升官、升職和競爭，在午宮的天梁運比較會辛苦一點，主要是因為太陽陷落的關係，競爭力稍差，要付出較多的辛苦才會勝利。

天梁運比較適合文職、公務員、學術界人士，它雖有些競爭力，但其強度是比不上煞星競爭力的強度的，因此不適合武職。

天梁運對賺錢和財運上幫助不大，天梁運主貴，是貴運，縱使有天梁化祿，可因名聲大噪而得一些錢財。但主貴的運程不喜歡有金錢相擾，因此天梁化祿，常會因錢的關係而產生負面影響，而給天梁運帶來包袱和不利。天梁化祿運也會因為私心太重，而給自已找麻煩。

天梁運中有天梁化權是最好的了，競爭力更增強，也增加了貴人強勢幫助的力量，有如神助一般。

居丑、未宮的天梁運

此運因流運的遷移宮是天機陷落，外在環境中機會多變，不好，愈變愈壞，因此走此運時比較保守，喜歡自顧自的做學問、讀書，或走另一種靜態競爭的路途。此運程代表智慧的官祿宮中有太陽星，也屬是『陽梁昌祿』格。因此走此運時利於讀書考試。是一定會考中的。

天梁運在生活步伐上是平穩的、緩慢的，在賺錢能力上都不是很強。在丑宮的天梁運，還可平順富足的生活。在未宮的天梁運就會比較窮困一點了。

所以天梁運只是對名有利，對『利』和錢財來說，是沒有關係的。縱使有天梁化祿的人來說，好處也不大。反而是有天梁化權運的人是較強勢運程的人，能因為升職、升官而得到財利。

此天梁運對於軍警武職和做激烈競爭工作的人，以及生意人都算是弱運。

居旺的七殺運

單星出現的天梁運都是居於旺位的。有六種狀況，分做三個部份來講。一是居於子宮、午宮的七殺運，居旺位，其流運遷移宮是武府，也居旺位，表示外在環境是一個大財庫，出外打拚奮鬥就有錢賺，是非常理想的運程。二是居於寅宮、申宮的七殺運。其流運的遷移宮是紫府，表示外在的環境高貴又富有，奮鬥努力之後也能擠上富貴之列。三是居於辰、戌宮的七殺運，此運程居廟位，打拚奮鬥的能力是最強悍的了。其流運遷移宮是廉府，天府居廟，廉貞居平。表示其外在環境是個有錢但不需用頭腦的環境。

七殺運都是需要付出血汗、勞力，拚命去競爭，努力打拚的運程。人在走此運時，人自然而然的會忙碌起來，情緒振奮，急於去工作，忙著賺錢，所以人在走七殺運時不會想得太多，也不會太計較工資了，是比較實在，肯努力付出的時候。人在走七殺運時，人會剛直、直接、廢話少、埋頭苦幹、是非少（沒時間搞是非），做事實在、認真，雖然忙碌非常，但上進心和奮鬥力是讓人欽佩的。人在走七殺運時性格很強悍，因為要賺到屬於自己的財，是強爭好鬥型的，人在走這個運程又屬於競爭狀態時，是不懂得禮讓的。

七殺運很強悍，適合軍警武職，適合激烈競爭工作的人，也適合做工程勞力付出的人員，更適合一般人。七殺運是個用腦力不多，用體力付出比較多的運程，很多事都需要身體力行的去實行才能完成。因此大家都需要七殺運。

但是七殺運也帶有傷災、病災、血光、開刀、車禍，與金屬有關的傷災等不好的一面。一般來說，小心一點是可躲過七殺運中這些傷災、病災、血光的。但是七殺運中有擎羊星，就可能有致命的危險。有陀羅、火星、鈴星，有傷災殘廢的問題。七殺運中有火星、鈴星是競爭激烈，變成惡鬥狀況的運程，這些都不是吉運了。

七殺運對於讀書、考試是非常辛苦的運程，但是坐於子、午、寅、申四宮的七殺運，因此外界狀況良好，只要自己加強努力，多付出一些辛苦和勞力、拚命唸書，考試還是可以考中的。可是在辰、戌宮的七殺運，外面的環境就是一個看起來享福，但智力不足、程度不夠好的環境，你處在這個環境中，再怎麼拚命，程度能提升的狀況不大，因此還是考不好，考不上。

七殺運是個只能拚命打拚，暫時無法要求成果的運程，有時候忙了半天，成果也不顯現。它也只不過在賺錢方面會有些成績，在其他方面往往是吃力不討好的。尤其在人緣方面是有點粗暴不和睦的。所以若要嚴格的來講，是不算太好的運程的。

居旺的破軍運

單星出現在破軍運，有在子宮、午宮居廟位的破軍運。這是『紫微在寅』、『紫微在申』兩個命盤格式的人會碰到的。第二種是在辰宮或戌宮居旺位的破軍運，這是『紫微在辰』、『紫微在戌』兩個命盤格式的人會碰到的。第三種是在寅宮、申宮居得地剛合格之位的破軍運。這是『紫微在子』、『紫微在午』兩個命盤格式的人會碰到的。

人在走破軍運時，其流運還遷移宮中都有一顆天相星。表示其人在走破軍運時很喜歡打破保守、傳統的環境，要來改變去除某些舊的障礙，重新佈置，建設新的事物。人在走破軍運時，有一種莫名的衝動力鼓動著你要去做改變，要去奮鬥、打拚，要去打破平凡、平和的氣氛，不管是好是壞，都要去攪動環境，使它熱鬧一點。

破軍運是一種破壞後，再重建的運程，為人很積極、想做事、想改變。想法非常多，但不一定全是好的。改變也非常多，也不一定全是好的。破軍運有破耗的特質，不管是哪種破耗，最後一定全變成是錢財的破耗。在子、午、辰、戌宮的破軍運，會因積極努力賺錢多一點，但仍然是破耗大於收入的。而在寅、申宮的破軍運因旺度不高，破耗更是凶，而收入是非常低的。

人在走破軍運時，情緒善變，反覆無常，容易聽信小人之言，或是聽信奇怪的言論。人在走破軍運時不喜遵守常規，行為舉止也容易乖張，衣著隨便，不修邊幅，常穿破破爛爛的衣裝，或許是嬉皮式的打扮。講話口沒遮攔，大膽放肆，不守禮儀。有時更喜歡講黃色笑話和講別人所不敢講的話。所以容易得罪人，人在走破軍運時，好勝心強，幹勁十足，一定要不做則已，一做便要一鳴驚人，因此破耗更大，是個好大喜功的運程。

考試運碰到破軍運，考試都考得不好，常喜歡作怪，想要出奇致勝，結果不被接受。

破軍運只有對於推銷人員、業務人員、軍警業、競爭激烈的工作的人最有用。可以借此運打開市場管道，事業有成。軍警人員在破軍運中很會努力打拚，爭得戰功。破軍運還適合做間諜密探的工作，有不怕死，直搗黃龍的精神。

一般人在利用破軍運的時候，可以用在創業上，會有傲人的成績。另外在你一般不敢講的話，不敢提出的要求，可以利用自己在破軍運時向對方提出來。這時候你的膽子比較大，比較不顧後果，比較敢講。人在破軍運的時候，臉皮厚、膽子大、不顧後果，很多人在破軍運時做出出軌的事情，與人私奔、通奸，或偷情被抓到，或是做出名譽掃地的事情，原則上破軍運不是好運，只不過它有好戰、好爭鬥的本性，而被現代人加以利用而已。

很多人在破軍運時動美容手術做整型。有人在破軍運買賣舊貨、二手貨。也有人在破軍運裡梅開二度，或娶再婚的女人，或嫁再婚的男人，所以破軍運一般也當做揀二手貨的運程，在破軍運的運程裡，你是有另類思想的，比較不嚴謹的，也毫不計較已產生瑕疵的事物的，也比較能容忍過錯的。因為在此運中你對自己本身的要求也不高，有時也想做些反傳統、反社會意識型態的事呢！

3. 一般運程的星座會顯示出吉凶參半的平和運程

所謂一般的運程，是指有些運程，並不屬於旺運，只是有一點好運，會使人過得平淡舒適。另一種一般運程是指在某些運程中包含著某些方面的好運，這種好壞同時出現的運氣，實際上會減低人的奮鬥力和上進心，有時候也讓人操勞、不清閒，但是壞運的部份又不致於太惡劣的成為惡運，因此我把它歸類於一般的運程，在一般運程中首先就要談的是祿存運。

祿存運

祿存是祿星，是小氣財神，只進不出，很多人將之歸類於旺運。同時也希望它是一個旺運。但是據我的觀察，人在走祿存運時，除了在金錢上很保守的有一點進帳之外，其實很多事情都是在停頓的狀態。

祿存星本身有保守的特性，尤其是單星存在於宮位之中，成為純粹的祿存運的時候。它若和別的主星同宮，這個流運便不稱祿存運而以主要星座為運程的名稱。例如它與吉星同宮，則主吉運，它和凶星同宮，是稍有足以生活舒適的財運，但是其他的凶運是仍然存在的。祿存本身是非常沒有個性的星座。它是保守的、自私的、自己只顧自己足夠存活的財，它能夠自給自足，卻無法幫助或改善其他方面的運程。祿存是辛勤勞祿的財星，它唯一的優點是能幫助破軍在財的方面稍為補一點破洞，但破軍在其他方面的破耗，例如血光、爭鬥，毀壞後再建設、破財等等就無法抵制。所以有破軍和祿存同宮的運氣中，破耗是是依然存在的，但最後仍能有少許的餘存。（在錢財方面）人在走祿存運的時候，非常小氣，尤其是對金錢方面。

又因為祿存是保守、孤獨之星，因此在感情方面很內斂，彷彿築起一道城牆，劃清與外界人緣的關係，不喜歡別人來打擾他，自給自足的在自己的城堡中生活。我們常可看到有些人在走祿存運時減少交際應酬，躲在家中做自己的事，也很少與人來往，直到此運結束，進入另一個運程時，才出來亮相、交際。

祿存運實際在錢財上也只有平順的運程，沒有任何人會在祿存運中賺大錢，發大財的。因為賺錢發財需要人緣好運和人緣機會。祿存運保守、孤獨、呆板，也自私，在人緣機會上是很差的，所以無法賺大錢。其財力只是辛苦勞祿的賺一點足夠衣食的生活費罷了。

祿存運對於是非口舌有抵制作用，因為保守，自己躲起來，限制了與人的交際關係，自然是非口舌較少，或是漸漸平息消失，所以看起來比較平靜。

祿存運在升官、升職方面沒有助益，因為人緣並不太好，也在考試方面幫助不大，除非是在『陽梁昌祿』格的格局之中，但是若沒有太陽、天梁、文昌等主星一同陪伴入宮，或是形成三方四合的『陽梁昌祿』格，只靠祿存星一個星的力量，這個祿存運也是不見得會考得中的。並且在考試運中逢祿存運，喜歡一個人自顧自的唸書，考試的資訊缺乏、可能唸書唸得不是主要精要的部份，考試就不一定能切題而失敗。

人在走祿存運時，頭腦笨笨的，保守、固執、自以為是，無法有開闊的心胸去接受外來的資訊和知識，這是閉關自守的運程。也具有懦弱怕事的心態，不敢去問問題、瞭解問題，只是躲在屬於自己的角落，用不開竅的頭腦自己一個人來想。所以這個運程的上進心和奮鬥力量都是不足的。

祿存運只適合財運很差的人，能使其人的生活好過一點，錢財稍為順利一點，是故在一般人的運程中，只能算是平順的運氣罷了。

文昌運

文昌運主要是對人的精明度和文藝、文雅的素養有直接的影響。文昌運在『陽梁昌祿』格中也具有重要地位，因此在考試運上有影響力，間接的也在升官、升職運上有影響力。

文昌運必須居於巳、酉、丑宮為居廟位，和在申、子、辰宮為居旺位時，才會有大作用。在寅、午、戌宮居陷位和在亥、卯、未宮居得地之位時，幫助不大了。

可是文昌和文曲同宮在丑宮或未宮時的昌曲運，在丑宮雙星都居廟，是最旺的旺運組織，不但會對考試、升官、什職有直接的旺運，在金錢運上也有極大的幫助，會得到好名聲而進大財。昌曲運在未宮時，對考試、升官、升職有幫助，有一點好運，但因雙星只在得地之位，故此運並不很旺，在錢財方面也是有一點，也不算太旺。

人在走文昌旺運時，因文昌運是屬於文質、弱質的運，只主其人精明、幹練，並不會有兇悍競爭的行為，所以在感覺上它的運氣並不如一般主星運程來得性質明顯。所以只屬一般較好的運程。

倘若文昌運是屬於落陷的、居平的，或只在得地之位的，其弱質的成份更高，人行此運時常因思慮不周詳，數字、計算錯誤、或是知識水準不高，而使事情不順利，錢財也進不了。

文昌運中有文昌化科時可增加文昌運精明幹練的做事功力。可是文昌運中有文昌化忌，則導致壞運的發生。文昌居旺位化忌時，是因為自作聰明而有是非麻煩和災禍。而文昌居陷化忌時是因不聰明而導致的是非、麻煩和災禍。而文昌化忌的是非麻煩多半在計算上、文書上或契約製定上，屬於文字、計算的錯誤。人在走文昌化忌運時，可暫時停止這方面的事務管理，以避開錯誤麻煩。

文曲運

此運和文昌運一樣，若同宮有其他主星時，此文曲星也只是副手而已。倘若沒有其他的主星同宮，文曲單星存在時，才會特別顯現出文曲運的特質出來。

文曲運本來也是司科甲、考試的運程。但是在考試、讀書這方面它仍然是比不過文昌運的，因為文昌運是『陽梁昌祿』格的主角之一，而文曲運不是。同時文曲運中的特質多、桃花成份重，常分散了主要的目標。

文曲運也要看旺弱，分出等級來，才會知道是旺運或弱運。文曲運處於巳、酉、丑為廟地，在申、子、辰居旺位，這些都是屬於旺運的文曲運。居陷不強較衰的文曲運是居於寅、午、戌宮的文曲運。

人在走居旺的文曲運時，人緣佳、口才好，有藝術涵養，有文雅、風流的氣質，喜歡參加歌曲、舞蹈等活動，為人很積極。因為人緣好的緣故，進財也十分順利。升職、升官也很順利。因此有官運和財運。反之，人在走文曲居陷的運程時，人緣不太好，口才差、沒有文雅的氣質，桃花緣份低，官運、財運都不順利。同時也沒有考試運。

人在走居旺的文曲運時，容易有風流韻事、誹聞，這是因為桃花重，自己又愛表現，喜歡在人多的場合做孔雀開屏的表演，招惹別人來稱讚自己。居旺的文曲運會給人帶來異性緣和貴人運。但是因為文曲和文昌都是時系星，所以人緣桃花和貴人運有時效性的問題，通常都只出現在一個小時，一個月或一年之中，時間是非常迅速的，有時也會是短短的幾分鐘時間，很快的便煙消雲散了。所以文曲運的旺運、好運需立即把握住。

居旺的文曲運利於考試，會因為口才變好、詞意新鮮有趣，答題豐富，考試考得好而高中。居旺的文曲運更是升官、升職的佳運。因為此運帶有喜慶熱鬧的意味，會把很事情推向歡樂喜慶的氣運範圍之中，再加上人在走此運時愛表現、出風頭，因此很容易被上司看中，挑選出來栽培升職。

文曲運和文昌運不論居旺或居陷位，都不能和破軍同宮或在對宮相照。因為文曲或文昌遇破軍，都是貧窮的運程。文昌和破軍同宮或相照的運程是自命清高而窮困操勞的運程。文曲遇破軍是桃花糾纏、又貧寒的運程。此兩種運程都有水厄的災禍。遇此運程，儘量不要游泳或至水邊遊玩、乘船、參加水上活動，以免有水難至死的下場。有此運的人也要小心颱風天災所造成的淹水、洩洪，不要住在低窪地區，也會有水厄。

人在走文曲運時心情是不穩定的，有時高興，有時悵惘，心情反覆，思想上也常牽掛，很難做出主意。在讀書、考試、做事上，也是時好時壞，不太穩定，高興時，上進心和能力就強，不高興時，成績和努力就差。

文曲運居陷位時，情緒更是反覆迅速，常落在低落之處，情感波折多。如果文曲運在對宮有巨門星出現（不論是機巨、陽巨、同巨、或單星巨門），都會有口舌是非感情複雜的問題出現。例如：前總統府秘書長章孝嚴先生是文曲坐命酉宮的人，對宮是機巨，一生就常走文曲運，而這個運程的對宮就有巨門，因此在卯年尾又走文曲運時，爆發誹聞案，有外遇是非的糾纏，引疚辭職。

文曲運利於文職和作官、做公務員、薪水階級的人，是一種文弱的運程，軍警人員和競爭性強的工作人，有此運也會有升官、升職的佳運好處也能得一些錢財。但是此運是比較溫和、短暫、力道不強的，因此旺運時間極短。文曲運居陷時反而有一些口才不利、無財、沒有人緣的負面問題，所以只能算一般的運程。

文曲運中若有文曲化科時，此人也必然在命盤中有文昌化忌。這是辛年生的人，有文曲化科運時，表現能力更佳，口才、藝能更好。倘若是辛年生的人又是有昌曲同宮在丑宮或未宮的人。也就是文曲化科和文昌化忌同宮的人，在走這個『昌曲科忌運』時，會頭腦糊塗，喜歡唱遊，附庸風雅，縱情聲色場所、一事無成。倘若這個『昌曲科忌運』的對宮是武貪，則逢此運暴發運不發，有災禍。倘若這個『昌曲科忌運』的對宮是太陽、太陰雙星，則為衰運起伏的運程。倘若這個『昌曲科忌運』的對宮是同巨，則有桃花纏身、官司纏身的困擾不斷。

『文曲運』中有文曲化忌時，也是桃花官司的潛伏期，同時也是言語混亂、詞不達意，口才拙劣而製造是非麻煩的運程，屬於惡運。

居平的陽梁運

陽梁運在酉宮的時候，太陽是居平位，而天梁是居得地剛合格之位的。這時候人生中的旺氣降低了，因為已是日落西山，因此奮鬥力不足，上進心也欠缺。而天梁星在此時是極依賴的蔭庇運氣，可是天梁只居得地剛合格之位，所以貴人運是有一點但也沒有太強。因此這個居平的陽梁運整個來說，只是一個苟延殘喘，有生存機會，有飯吃，卻因為自己無法奮發，氣勢不夠強所造成的一個徒有生存外形的平凡運程。

人在走這個居酉宮的陽梁運中，態度很消極，沒有奮發力，做事懶散，財運也不好，生活上有些拮据，凡事有灰色思想，想放棄。但是這個『陽梁運』仍然是屬於『陽梁昌祿』格的一環，如果能放下俗念，專心讀書，參加考試，考運雖不算很強，仍然會有較大的機會，這是此運中唯一有價值的事情，這是有這個『陽梁運』的人在酉年都不可放棄的好運。

在這個居平的陽梁運中，不可有太多的升職、升官的念頭，縱使得到機

• 一般運程的星座會顯示出吉凶參半的平和運程

會升職，也只不過是個虛有其表、聊勝於無的頭銜，實際的意義是並不大的。此運中若有太陽化權，可以在私下暗中得到男性貴人的幫助，若是做一些幕後、幕僚性的策劃工作，可掌實權。此運中若有太陽化祿，在走此運時，你會在隱忍的不明顯表現的狀況下得到一些好處，也會在內斂的、含蓄的特性下得到男性朋友的人緣好感。倘若此運中有太陽化忌，這個陽梁運就成為晦暗、多是非糾纏的衰運了，而且和男性的上司、友人，家屬長輩全都沒有緣份而不和，這當然也影響到人一生的財運、事業運和家庭運了。

同梁運

同梁運無論是在寅宮或申宮出現都是屬於一般運程，人在體驗這個同梁運時，都不會有太好或太壞的感覺。而實際上在『寅』宮的同梁運和在『申』宮的同梁運是兩種不同感覺的運程。

在寅宮的同梁運

此運中，天同居平，天梁居廟。天同是福星，居平時很操勞，無法享福。但是天梁居廟，表示在這個同梁運中，其人還很有智謀，享福少一點，但奮鬥力強，有智慧來做一點事情，在此運中也能得到長輩的關懷幫助，因此在寅宮的同梁運實際是能服務大眾，與長輩有緣，操勞辛苦而能得到人緣的好運。在升官、升職運上會因辛苦、努力的付出，而能達成。在工作上也能有所表現、不爭不鬥，而用智慧取得信賴而成功。但這一切的成功只是小型的模式場合所用的佳運。倘若有一個較高等的職位，或是規模宏大的工作，此運就無法完全掌握而功虧一潰了。

在寅宮的同梁運，在考試方面並不十分的強勢，你可能忙碌辛苦的唸書，長輩、師長也給你幫忙和鼓勵，但是你的成績一直在中等左右，因此考試成績是在錄取邊緣，可能會考上，也可能考不上，非常不保險。此時若能埋頭苦幹，堅持努力，便可一躍而越龍門，所以堅持努力便在這個運程中是最重要的關鍵了，因為天同星仍然有『懶』的跡象，所以很多人遇此運過不了關。

在寅宮的同梁運若有天同化權或天梁化權，這個同梁運就會增強，其人在走這個同梁化權運時，脾氣也會較有個性，工作成就和考試運氣都會增強，變成旺運格式。

在申宮的同梁運

此運中天同居旺，天梁居陷。天同是福星，福星在旺位時享福就很多了。天梁居陷，貴人和長輩的照顧就缺少了。在這個同梁運中，是比較懶惰，沒有上進心和奮鬥力的運程。同時在升職、升官、考試運上，因為自己的鬆懈，不奮發而造成運氣下滑的局面。

在這個同梁運中，因為流運的財帛宮是太陰陷落，錢財也很困難。賺不到錢是因為自己本身較懶，自發性不夠，又得不到長輩、上司的喜愛關照，人緣關係中也呈現緊縮現象。在這個同梁運中，人是會比較笨，不愛用頭腦，有依賴心，但是又沒人願意讓他依賴。再加上其人會思想幼稚、單純、天真，在此運程中，很多人受騙，或失去工作。原因就是因懶惰而有異想天開，坐想其成的想法而產生惡運。

在這個同梁運中，考試是考不上的。其人在工作態度上也不積極，愛偷懶，又惹人厭。走此運時，人看起來溫和而無用，懦弱怕事，沒有擔當，又常有天真無知的言論使人側目。

在申宮的同梁運中有天同化權時，會增強天時、地利所產生的好運，很可能在『蜀中無大將，猴子稱霸王』的狀況下，主掌權位管事。也可以在同輩人、同事、或是晚輩中具有領導力量，人緣特佳。但此時長輩、上司是不會對你有認同感的。

此運中若有天梁化權，因天梁陷落的關係，天梁化權依然造成你的上司、長輩對你有頑固、強烈的挾制力量。對你在升官、升職運上是不利的。但是你可以用同輩推舉的力量來造成一種形勢，不過這也很容易被壓制。最後你也只有用巴結上司、長輩來做最後的進階之梯了。

居平的天同運

單星居平的天同運會出現在卯宮、辰宮、酉宮、戌宮，也就是『紫微在申』命盤格式的人在卯年會遇到。『紫微在酉』命盤格式的人在辰年會遇到。『紫微在寅』命盤格式的人在酉年會遇到。『紫微在卯』命盤格式的人在戌年會遇到的運程。這個居平的天同運，大體上來說是辛勞多一點，成就少一點，心態慵懶，做不了什麼大事的運程。此運程也因為流運遷移宮中出現的星曜，以及其旺弱的程度而有所吉凶。

例如說：

居卯宮的天同運

天同運居卯宮時，雖是居平，但流運遷移宮的星曜是太陰居旺。代表其周圍外在的環境是溫柔富裕、多情份的環境，當然這個天同運忙碌的是和情份有關，和財有關，和人緣有關的事情了。而且這個居平的天同運實際就是忙碌一點，到處是一片溫和、平順的氣象，使人生活得很舒適，很平穩，運氣是還不錯的。

居酉宮的天同運

因流運遷移宮中的太陰星是居陷位的，因此外在的環境不佳，比較財少窮困，忙來忙去賺錢不容易。而且也是情份較低，人情較冷淡的環境。在這個天同運中，只是操勞忙碌，心中較苦悶，忙來忙去沒有結果。也同時因為會忙碌到沒有主題意識的工作，工作沒有重點和重心，做事也不夠積極、很少用腦子，所以結果很差。

居辰宮和戌宮的天同運

這兩種天同運都是因為流運遷移宮中有巨門陷落，多生是非口舌、災禍，而降低了天同運溫和的氣質。因此這個天同運勢必會捲入是非爭端之中而不安寧了。所以這兩個宮位的天同運是一般運程中屬於不好的衰運，層次較低的運程。

居平的天同運是根本不適合任何事物進行的，它對升職、升官、進財、考試等都沒有直接的益處，又常常是處於窮忙的形勢。就算居於卯宮的天同運稍好一點，進財也是不多的。因此天同運只適合修身養息之用，把身體保養好，以應付來年的旺運或更勞碌的運程。天同運在卯、酉宮的人，來年會有暴發運，次一個運程是極旺的旺運，修養生息，可待勢蓄發。天同運在辰、戌宮的人，來年走武破運，這是極差的，無財又破耗的運程，也要修養生息，保持體力，才能應付妥當。所以天同運根本就是休養生息的運程。

在申宮的機陰運

這是在一般不好不壞的運程中，層次較低的運程。它又不太算是惡運，除非是有天機化忌或太陰化忌在運中，才算是惡運。否則它只是一個變化多端、不進財、沒有人緣、沒人理睬的不算佳運的普通運程。

這個機陰運，因天機星在得地剛合格之位，太陰居平。在流運的遷移宮中沒有主星，外在的環境空茫無助。人在走此運時往往由於自身的聰明才智不足，又喜歡自作聰明搞怪，人的感覺性、人緣及應變能力都不是很好，也沒有能力做進財的事情，在各方面條件都很差的狀態下，能平安的生存過活就很好了，所以算是普通運程中較差的運氣了。

在申宮的機陰運，不適合作升職、升官、考試的美夢，因為實際狀況是

- 一般運程的星座會顯示出吉凶參半的平和運程

愈變愈壞的狀況，並且會因自做聰明把事情搞砸。人在走這個機陰運時也不適合搬家，做任何工作上的更動、或任何有變化的事，否則又有破財之事，或把自己更陷於運氣更壞的狀況。你一定更等待到下一個運程再變動，才會好。因為下一個運程就是紫貪運了。外緣關係，好運機會就會變得很多，運氣就變好了。

在申宮的機陰運裡若有天機化權時，你雖能稍微掌握變化的力量，但你要使變化的力量轉慢，成為穩定的力量才能使你有利。可是依然在財運方面是得不到錢財的，只有在做事、工作上面能因變化而得利。此運中若有太陰化權，在錢財的掌握和人際關係方面仍然不強，有時候會成為負面的影響，例如受到女性的挾制等等。這是因為太陰居平陷之位的關係。

在申宮的機陰運中有化祿出現時，不論是天機化祿，或太陰化祿，在錢財方面只是稍有豐腴，並不會很多，只夠生活吃飯而已。但在人緣方面會稍好一點，不像只有居平的機陰運時那麼不通人情世故。

在申宮的機陰運中有化忌出現時，不論是天機化忌或太陰化忌都算是衰運、惡運了。有天機化忌的機陰運，是因變化而產生的是非災禍，而且事情會愈變愈糟。只有用忍耐和穩定來剋制它，使它不產生變化，靜待下一個運程來到，才能度過難關。有太陰化忌的機陰運，是錢財困難及和女人不和的問題。有錢財是非及災禍，這個問題就要儘量不欠債，在這個有金錢是非的機陰運來到之前預作準備，使自己的錢財夠用，就能解決了。並且也儘量和自己周圍的女性保持距離，少說話、少來往，也可安全度過。

居平的貪狼運

居平的貪狼運是居於寅宮或申宮的貪狼運。因為貪狼在寅宮、申宮居平位。貪狼是好運星，好運星居平，運氣就只是普通略圓滑的運氣了，因此算不上有什麼好運，故為普通的運程。

居平的貪狼運，因為流運對宮（遷移宮）有居廟位的廉貞星。因此在這個運程中，周圍環境是處於一個勾心鬥角、周圍全是心態深沈、有深謀遠慮的人，因此在這麼一個陰險的環境中，必須小心翼翼的過日子求生存是十分辛苦的事，因此運氣就不算好了。

人處在這個居平的貪狼運中，上進心和奮鬥力、競爭力都不太強，運氣又不算最好，因此只有自求多福，不要太貪心，賺多少花多少。

在這個貪狼運中，升職、升官只有一點點運氣，而且是需要運用智謀心機，辛苦達成的。而人往往會放棄，所以人走此運時，是不一定會成功的。在考試運上，這個運程也不太行，除非有貪狼化權或貪狼化祿來幫助，考試運才會好，才有希望考上。

在此貪狼運中，人緣關係只是平平，沒有較好的發展。若是在此運中有陀羅星出現，『廉貪陀』是『風流彩杖格』，在此運中會有外遇、桃花、誹聞問題。人走此運時會特別好色，也特別關心情色問題。有這個現象的人，將會影響到事業、錢財上的發展，而成為衰運了。

居平的貪狼運中有貪狼化忌出現時，人走此運會有人緣交際方面的困難，而且容易惹是非災禍，易惹官非，必須小心。更有惹桃花糾紛的事情，問題很嚴重，要等到下一個運程，用巨門化權來解決它，才能平復。

在寅、申宮居平位的貪狼運裡，若出現火星、鈴星，或是有火星、鈴星在對宮出現，則此貪狼運為『火貪格』、『鈴貪格』，具有暴發運、偏財運。會得到一些錢財。火貪、鈴貪同在寅宮的運氣較旺，可以得到較多的錢財。在申宮的運氣較弱，得到的錢財較少。

人在走火貪運和鈴貪運時，性格會份外急躁不安，個性火爆，難相處。他們的速度很快，脾氣一下子就過去了，自已也忘記了。火貪運和鈴貪運也會幫助人在升官、升職、考試上獲得好運，最後也能多得一些錢財。譬如說有此運的人在此運中考上好學校，很可能還會獲得一筆獎學金，是非常好運的。

在寅、申宮的貪狼運中有文昌、文曲星出現時，表示人走此運時會政事顛倒、頭腦不清。做事也會產生反覆、搞不清楚的現象，此時對升職、考試沒有好運了，很可能會引疚辭職，遭到罷黜，或提早遭資遣的命運，考試運遇此，除非此運在『陽梁昌祿』格的三方四合上，否則也考不上了。

機梁運

機梁運不論是在辰宮或戌宮。全都是天機居平、天梁居廟的運程。很多人認為機梁運有天梁居廟，又屬師爺智慧的運程，應該算是旺運。但是你若是『紫微在巳』、『紫微在亥』這兩個命盤格式的人，一生經過了這個機梁運，你就會知道，在這個運程中錢財依然是少的，工作必須是勞碌的，生活上沒有好的改善，只不過在此運程中的人很愛聊天說話而已，你就會知道這個機梁運只是在熬日子，沒有多大用處了。

人在走機梁運時很愛聊天、吹噓、說話也不愛負責任，做人做事都圓滑，投機取巧，做事沒有建樹，明眼人一看便知道此人在摸魚，當然升職運、升官運不會很好。只不過一時還不會遭人舉發，而可安逸的過日子而已。

機梁運中，天機、天梁都不主財，因此不利財運。天梁是蔭星、貴人星，有人會暗中幫助你過平順的日子。天機星居平，表示才智不足，只想投機取巧，有時也喜歡搞怪。倘若搞怪而自做聰明的事太過火，貴人也罩不住了，便會失業，進財更困難。很多人在機梁運中失業，或自作聰明的轉業，去做生意而虧錢，這些都是不智之舉，機梁運就是『機月同梁格』的運程，只適合做固定按時上班、按時領薪水的工作，沒有財運，是賺不了大錢的，因此不適合做生意。

機梁運有天機化權或天梁化權時，利於升官、升職、考試，也利於掌握機會。天梁化權比天機化權的力量更好、更直接。因為天梁居廟化權的關係，直接會有貴人伸出援手強勢的幫忙，故這運氣是好的、旺運的。

機梁運中有天機化祿和天梁化祿，運氣就會比有化權時差上一截了。因為不論是有天機化祿或天梁化祿，都是要幫助別人做事，才會對自己有利，而且利益很少。

機梁運中有天機化忌時，事情會因變化而產生是非。有時候是因自己的自做聰明而製造了是非，因此而糾纏不清，這些都是麻煩事，只算做衰運了。

在卯、酉宮的天相運

天相在卯、酉宮是居陷位的，因此這是一個居陷位的天相運。天相是勤勞的福星，福星居陷時，操勞就很嚴重了。此運在流運的遷移宮中是廉破居平陷，表示外在的環境很差，破爛又多爭鬥。因此人處在這個居陷的天相運中，實際都是在收拾殘局。

天相是一個穩定的星曜，在陷落時只是身體操勞忙碌而已，依然是動作慢，速度緩慢，變動率不高的運程，並且人在走這個天相運裡，容易身體不好，愛生病、常往醫院跑。

人在走這個天相陷落的運程時，智商是不高的，學習能力也不強，奮鬥、競爭力薄弱，就是因為如此，才與世無爭，膽小怕事的過生活，生活才會平順，也就沒有人來找他麻煩了。

在天相運的流運裡，財帛宮都是天府，表示錢財方面都過得去。此處居陷位的天相運裡，流運財帛宮中的天府居得地剛合格之位。表示錢財方面是順利的，剛好有儲蓄。因此在此運中財運還順利居陷的天相運因競爭力不足，只求苟且偷安，因此在升職、升官運及考試運上沒有助力。這是因為在各方面條件都不足的原因，而且也沒有用心在這方面的原故。

在此天相的對宮若有廉貞化祿或破軍化祿，這個天相運會略為有點益處、勞碌的狀況比較好一點。若在此天相運的對宮有破軍化權或廉貞化忌，這兩種情況的天相運都會比較勞碌多一些，有破軍化權在對宮的天相運裡，因周圍會出現老是想改變現有狀況的人在推動環境的變化，逼得此人在此運中不得不奔波勞，而有廉貞化忌在對宮的天相運裡，周圍因產生官非爭鬥，是非麻煩非常多，而逼得此人在此運中不得不焦頭爛額的應付，而勞苦，所以在居陷的天相運中想偷懶，還得有好命不可。

左輔運

左輔單星入運時，屬於一般的運程，是溫和、安祥的運程，並沒有特別突出的優點。它在與吉星同宮的運程中會顯出輔助力量，例如和紫府同宮的運程，紫府運很強，左輔就會更幫忙它，在此運程中，出現左右手成為貴人來幫助，使紫府運更旺。

左輔運是平輩貴人的運程，來幫忙襄助的都是同輩的朋友、同事、兄弟級的友人。而且是男性的平輩。

左輔星並不會分別好人、惡人、好運、惡運，譬如說，在破軍運或七殺運中有左輔同宮的運程時，就會有些為虎作倀的味道了，會增加破軍打拚奮鬥的優點，也會有幫助破軍加速破耗的缺點。在七殺運中有左輔同宮的運程時，會幫助七殺蠻幹的打拚勞碌，在智慧上就幫助它愚蠢，說廢話、頭腦不清，窮忙一場了，所以是個沒用的人的運程。

左輔單星入運時，必須看流運的遷移宮中是什麼星，才能確保平順、祥和。普通左輔運並不強，也會受到對宮的星曜來影響運程。

左輔運流運的遷移宮是機巨的時候，此人在走左輔運時也會因外在環境的是非口舌而煩亂不已，但最後有男性平輩的貴人來相助解決。

左輔運利於升遷，但不利於考試讀書。人在走左輔運時，不論外界的環境如何變化多端，最後都有男性平輩貴人來幫忙致勝。但是在左輔運的讀書運中，會有中途退學，然後又再復學的問題。考運逢到左輔運會重考，當次考試是考不中的。所以學生是不喜歡逢到左輔運的。只有工作的人，升官的人，做大官的人、做生意的人喜歡左輔運。

一般人在走左輔運時，性格溫和，人緣佳、穩重、隨和、度量寬，也有機智謀略，但有桃花、容易有三角戀情和感情困擾。結過婚的人走左輔運，容易有外遇，也容易有離婚再婚現象，婚姻有波折。談戀愛的人遇到左輔運，會同時愛上兩個以上的情人，腳踏雙船。所以左輔運在感情問題上是會製造麻煩，算是不佳的運程。

右弼運

右弼單星入運時，也屬於一般運程，同樣也是溫和、安祥的運程沒有特別突出的優點。

人在走右弼運時，是異性緣特別好，很熱心服務，會幫助人的運程。特別有同情心，講義氣。性格溫和膽小，害羞，內斂，有時又很活潑，會體貼人並且又很天真、可愛，時時又展現霸道專制愛管人的一面，喜歡照顧比自己年紀小的情人，是個愛撒嬌，愛管事的運程。

右弼運多半表現出感情問題，也會有感情困擾，它和左輔運一樣對婚姻不利，容易有外遇，或有第三者投入而發生感情波折，也容易在此運中離婚、再婚。戀愛運遇到此運時也會腳踏雙船，無法選擇。

右弼運代表的是女性平輩的貴人，而且是重感情多桃花的運程。此運若有吉星同度或同宮便能有助益。它同樣的是助善也助惡的運程。倘若右弼運在申宮，其流運遷移宮中有機陰，則此右弼運也會變化多端，有情感上、環境上、工作上的變動。並且也會操勞奔波、沒法子享受穩定、安祥了，會比較勞碌。

右弼運不利學生讀書、考試，會有重考、補考，中途輟學、復學之事，唸書不是很順利。

人幼年走右弼運時，會與父母緣薄，可能會做養子、養女，或交由別人帶大。成年人走右弼運，感情多波折，在工作上反而可以得到好的女性助手。

右弼運的流運遷移宮中有武貪時，是可幫助其人暴發較大財運的，但是在右弼運中是不會暴發的，一定要等到走『武貪運』時才會暴發。

右弼運在升官、升職上有好運，幫助你的是女性的平輩朋友，會在暗中幫忙你達成。

4. 衰運及惡運運程

居陷的太陽運

居陷位的太陽運，主要是居於戌宮、亥宮、子宮的太陽運。太陽運居陷時運氣低落，人逢此運會感覺心中煩悶鬱卒，無法排解，而且做事不順，思想遲鈍，只想躲起來，遠離人群。是故人在此運中，人緣是不好的。

太陽的光和熱是生命活動的泉源。當太陽運陷落無光時，生命便失去了活動力，因此上進、奮發的潛力就受到嚴重的限制。這也是人在走陷落的太陽運時，無法突破的心理障礙，促使運氣下降的原因。

太陽主陽性、主男性、主貴。陷落的太陽運中也主在男人社會團體中無法顯現自己的才能。和與男人不和，沒有緣份，也沒有競爭能力。同時陷落的太陽運主貴方面的運程也會受到阻礙。可是太陽星也是『陽梁昌祿』格中的重要一環。在居陷的太陽運中，若能閉門讀書，倒是對考試運沒有太大的影響，而且在這個運程中若能加倍努力，也可以在另一個運程中收穫，所以居陷的太陽運雖然對升職、升官不利，但對考試運的影響只要自己不灰心，肯努力，還是可衝破難關而獲勝的。

居陷的太陽運在錢財上一點幫助也沒有，這是一個需要有固定工作，拿薪水，日夜操勞忙碌的運程。

在戌宮的太陽運

此運因流運遷移宮是太陰陷落，周圍外在的環境是一個財少、人緣淡薄，自己又缺乏人情世故的環境。流運財帛宮又是巨門居旺，流運官祿宮是空宮，因此在這個太陽運中賺錢是辛苦又少的，必須做公務人員、薪水族方能生活平順，會走這個居於戌宮太陽運的人是『紫微在丑』命盤格式的人。你們是用口才吃飯賺錢的人，例如做業務員、教師、保險業等等，同時也是在金錢運上多是非競爭爭鬥的人。此運程中的人較少能形成『陽梁昌祿』格，是故工作地位層次不高，也不利於考試、升遷。

在亥宮的太陽運

此運因流運遷移宮中是巨門居旺，是故走此運程的人會在一個是非爭鬥多的環境中。很多人走此運時會入獄坐牢，時運暗淡。但是此運的三合宮位有居旺的天梁星，若能具有完整的『陽梁昌祿』格，便能因會讀書參加考試提升自己的地位，所以此運雖然暗淡，但有利於考試運，同時此運在金錢運上也有貴人相助，這也是做公教人員、薪水階級，或大公司及政府機構的幕僚人員最適當的工作及命格了。

在子宮的太陽運

此運因流運遷移宮是天梁居廟，這是極容易形成『陽梁昌祿』格的運程格局，在此運中利於考試、讀書，來爭取地位。在升職、升官運上必須多操勞努力，但希望不大。此運有利於埋頭苦幹，其成果會在下一個運程天府運中收穫。

居陷的太陽運有太陽化權時，能有幕後掌權的工作。也會在暗地裡具有主控力量。但此運若是在檯面上明顯的競爭，仍是會敗下陣來。這就是因為太陽居陷的關係。

居陷的太陽運中有太陽化祿時，會和男性的關係稍為圓融一點，比較受排斥的時候少。但在財的方面仍然不多。這是因為太陽不主財的關係。在考試運上會有大斬獲。

居陷的太陽運最怕有太陽化忌了。這不但在男人社會團體中容易惹是非災禍，也更加深運氣下滑至最低點。是非常令人痛苦的運程了。

在三個居陷的太陽運程，其實居子宮的太陽運是並不太壞的，因為他的流運遷移宮中的天梁居廟位，反而會為他帶來名聲和地位，而且隨時有貴人相助，亦有天助之利。若是懂得利用就會有天時、地利之優勢。這個太陽運必須用東奔西走，份外操勞奔波的形式，才能收到有效的結果。李登輝總統就是利用子年走此太陽運，佔了天時、地利的優勢。其他的候選人條件都較差，而以高票當選中華民國第一任民選總統。我們也可以看到在當時他南北奔波辛勞得無與倫比，這就是在子宮的太陽運所具有的特質了。用辛勞奔波可以致勝，也可以得到好運成果。

在居陷的太陽運中最怕有擎羊星來同宮，會有鬱悶自殺，或是因某些憂心的、是非的事情想不開而自殺的狀況。同時也會有眼目不佳的毛病，或是腦中風要開刀的事情出現。

居陷的太陽運更怕有火星、鈴星、紅鸞等星同宮出現，會有火災的危難。若再加擎羊同宮，有因火災致死或受傷的可能，演藝人員秦偉是太陽坐命子宮的人，他經常會走這個陷落的太陽運，曾經就在子年尾錄製下一年的特別節目時，在攝影棚遭火灼傷，養了很久才好。像這種曾經受過火厄的人，就必須時時注意流年運氣了，倘若大運也逢低潮，（例如辰年走巨門陷落運），流年、流月、流日、流時再有三重逢合，這火厄傷性命的災難是否還能有好運躲過就很難說了。因此預防工作是很重要的事情。

居平陷的天機運

居平位的天機運會出現在巳宮和亥宮。在落陷位的天機運會出現在丑宮和未宮。這些居平位、陷位的天機運，都會帶來凶險運氣的變化，而且愈變愈壞，因此都是衰運。

居平位的天機運是『紫微在子』和『紫微在午』兩個命盤格式的人會碰到的。居陷位的天機運是『紫微在寅』、『紫微在申』兩個命盤格式的人會碰到的。

居巳宮、亥宮居平的天機運

此運因流運遷移宮中的主星是太陰星，因此這個居平的天機運主要是因錢財問題和人緣情感上的問題而起伏變化。在巳宮的天機運，因流運遷移宮中的太陰星是居廟位的，人在走此運時，善於察言觀色，也容易感情起伏和感情用事，常會因周圍人際關係的變化而轉變自己的情緒，導致自己運氣不佳。在亥宮的居平的天機運，因流運的遷移宮中的太陰星居陷位，又因處在一個財少，人際關係又淡薄的環境中，運氣愈變愈壞。

人在走天機居平運時，會思想扭曲古怪，自做聰明，事後發現做了一堆蠢事。但是在當時別人怎麼勸他，他都是自信滿滿，自以為是的。人走此運時，運氣很差，又喜歡變化、變動、作怪、思想聰明度又不夠，又喜歡投機取巧，貪便宜，揀現成的好處，因此常上當吃虧，或落入人家的圈套之中。在巳宮的天機運，因外在的環境中太陰是居廟位的，還可能人在走此運中，周圍有女性貴人好心拉拔，使此人的運氣不致於太低，周圍多財的環境也能救人在此運中的窮困。但是天機運居亥宮時，因外在環境的太陰星是居陷位的，人在走此運時，周圍就沒有貴人可相助了，周圍財太少的環境，也容易使人的運氣更落於低下的惡運之中。這不但是沒有錢財窮困的日子，而且是個多災多難的時運了。這是『紫微在子』命盤格式的人會遇到的流運，而且就在亥年不吉。

居丑宮、未宮居陷的天機運

這兩種天機運其流運的遷移宮都是天梁居旺位，表示自己的運氣低落不吉，但周圍有貴人，有庇佑自己的好運，外界的環境尚稱慈善，有貴人慈善的眼睛在注視自己的變化，隨時會伸出援手救援。這個落陷的天機運之所以會產生壞運，完全是由於上一年的破軍運所做的太多的破壞性、改良，變動的事情，有時候當時沒有發作不良的問題，但是很多惡質問題慢慢顯現，也就是在丑、未年的天機陷落運暴露出來。所以這個陷落的天機運，實則是徹底的把壞問題全顯現出來，然後再重整復建，處理善後工作的運程。就因為先有了這個復建的天機運，才會有下一個紫府運程來收藏重整復建的成果，而使生活更充實、高尚富足。

人在走居陷的天機運時，運氣是愈變愈壞，常有意想不到發生的災禍，賺錢少，勉強可以度日，心情煩悶，思慮不周詳，常急躁的想解決問題，但是也找不出方向來。人在此運中脾氣壞，愈壞就愈無力，也想不到找外援幫助，自困於低落的運氣之中。其實在這個運氣中外緣關係還是好的，有貴人相助的，別人也會對你伸出援手的。只要按奈自己的脾氣，用心想一想便會找到助力。只是比較操勞而已。

人在走居平陷的天機運時，最重要的工作就是儘量不要產生變動，因為會愈變愈壞的關係，因此要保持原狀，使動的幅度變小，就可順利度過這個衰運。所以在此運中搬家、換工作、換環境、出國、換學校、考試、結婚、生小孩，諸事不吉。不但有錢財上的困難，也會有災難頻至的麻煩。此運中若有天機化權時，加速『動』的速度，會使狀況變化多端，又會因頑固而陷自己於更不佳的環境，反而沒有好的影響。此運中有天機化祿時是稍為好一點的運氣，會因人緣關係中有一點圓滑的關係而有一點利益，但好處是極少的。此運中若有天機化科，是對整個運程沒有太多幫助的，只不過在操勞辛苦的生活裡，有一點會整理，會做事的小本領罷了。此運中若有天機化忌，則會使變動更惡化、惡質。會因運氣下滑而帶來是非、災禍。若更有『羊陀夾忌』的人要小心，在這個天機運中會有性命悠關的不測事情出現，最好先推算出流月、流日、流時，才能避開災難禍。

在申宮的機陰運

在申宮的機陰運因天機在得地之位，太陰居平，是一個財少又多變的運程，而顯得不吉。在這個運程中，最主要的問題是錢財的困難度和人緣，以及感受能力的困難度。人在走此運時不太能感受到別人的溫情、愛意、自己本身也不太會付出較多感情，這是太陰居平的關係。所以人走此運時感受力差，比較無情，他又喜歡自作聰明，會重新定義表達情感的模式，讓人更覺得此人是奇怪有問題的。人在走此運時，因天機星只在得地之位，智慧也不高，但總愛表現、變化，又得不到別人的贊同肯定，所以成就也就等於零，並且常讓人討厭、嫌棄。

在申宮的機陰運不適合考試、讀書，常因自做聰明而讀書不精，並且運氣差、變化多，而使考試成績變得更壞。此機陰運更容易形成突如其來的離職、撤職、失去工作或換工作的狀況，是根本沒有升職、升官運的。此機陰運在工作努力上也嫌不足，反而是勞碌、東奔西跑，一事無成的衰運運氣，也賺不到錢。

在申宮的機陰運中，與女人的關係惡劣、淡薄，不但是與家中的女性親屬或外界的同事、朋友及一切相遇到的女人，不論相識不相識，都對你沒有好感，而有為難之事。因此此運中就連買東西也是不佳運程。因為財少、破財，人緣關係又差的關係。

在申宮的機陰運中有天機化權的人，是可以掌握一些變化的力量和變化的企機，但是對於人緣和財運仍是無法改善，只不過在一些無利無益的事上掌握住一些小變化的權力罷了。此機陰運中有太陰化權的人，是頑固有之，要求別人較多，自己表現感情的方式卻不足，而且較霸道自私的人。對自己本身的人緣和財運沒有幫助。因為太陰居平，本身財少、感情較淡薄，和女性無緣的關係。

此機陰運中若有天機化祿或太陰化祿，所含財的成份依然很少，但可潤滑人際關係。是稍好一點的運程，有天機化科、太陰化科，沒有助益，只是在忙碌中會做事一點罷了。

此機陰運中有天機化忌，會因自作聰明和事情突變而發生災禍問題，狀況惡劣。有太陰化忌，是因和女人的相處不利而有麻煩遭災，也會因金錢上的問題而遭災。更會和女人發生金錢糾紛而遭災，這是不可不防的。這個問題可以在行此運時，儘量減少和女人的來往和保持距離，更不要和別人有金錢往來，便可安然度過。

武殺運

武殺運因為不論是在卯宮或酉宮，武曲財星都是居平位，七殺殺星居旺位，辛苦勞碌，所得的財甚少，而不算好運，算衰運的運程。武殺運是忙碌、操勞、拚命打拚，用血汗勞力賺錢，但總是處在低層勞工階級。付出的很多，收入回報卻很少的局面。

人在走武殺運時，頭腦固執，只知一味的蠻幹，思想笨拙，不知變通，智慧不足，也找不到好的方法賺錢，卻又拚命想賺錢，因為此時很缺錢，沒辦法，只好用勞力血汗去做苦工來賺錢。

人在走武殺運時都拮据無錢，而且感到窮困而急於想賺錢。有一些窮的人會在此運中去醫院賣血賺錢。這就是武殺運以血汗勞力賺錢的實例。也有人在武殺運中進財困難，必須比平常多做數倍的工作，而所得的財是又少的局面。軍警、政治人物在武殺運中辛苦奮鬥，縱然工作上賣力，但名利卻不多。也可能根本不為人知，而遭埋沒。生意人在武殺運中，財運困難，容易破產，必須用盡力氣去平復，用不斷的努力、操勞可度過。

武殺運對考試運、升官運、升職運都不吉，會辛苦努力的讀書，但智慧笨拙、唸不出名堂，考試考不好，考不中。也會因辛苦勞碌，功績被埋沒而沒有升職、升官運。

武殺運是『因財被劫』的格局。武曲財星被七殺煞星所劫持，自然不算好運了。人在走此運時，常會和人有金錢上的爭執，不論是家中的夫妻間因錢財問題爭吵，或是在外面因金錢糾紛與人大打出手，都是『因財被劫』的問題。武殺運在人緣關係上也是很差的，因為性格剛直、火爆，容易發怒，不講理，也容易因固執、堅持而使事情不能轉圜。

武殺運最怕有擎羊同宮，其實有火星、鈴星也都是不妙的運程。有擎羊同宮的武殺運，會因錢財問題而遭非命之災，被人殺死或自殺。有火星、鈴星的武殺運，會為錢挺而走險，做出凶惡不法之事。

有羊刃的武殺運同時也是車禍傷亡、坐飛機罹難的嚴重傷亡運程，是不可不防的。也有人在武殺、擎羊運中因感情糾紛而殺女友再自殺的案例。以前有一樁警員槍殺女友，再自戕的事件，此警員就在這個武殺、擎羊運中想不開，憤而行凶的。

武殺運整個來說，就是一個窮運、兇暴的運程，對任何人、任何事都沒有好處。只能用不停的勞碌、工作來化解，但依然不能說是完全有效平復的。

人在走武殺運時，容易生病開刀，也容易受刀傷，遭金屬類的傷害和車禍等問題。只要保持身體的健康平安，保持情緒的平衡，知道在這個運氣中向人要錢都是困難重重的，把問題放在下一個運程太陽運中去解決。在這個武殺運中只放入苦幹精神，不要希望得到回報，等到以後再來收成，這就會是個平安的武殺運了。

武殺運中有武曲化權時，其人會更固執。明明是個破財、耗財的人，又是個不會賺錢的人，卻偏偏要主掌財政，管理賺錢的事，當然更加速虧空及引起是非敗亡。

武殺運中有武曲化祿時，人走此運會在性格上有強勢卻帶點圓滑的味道，並不十分討人厭了。而且在財運、人際關係上，都顯然順利得多一些。在工作進行方面也會順利不少。

武殺運中有武曲化科時，因為本來武殺運就有慳吝的特質，態度是兇悍的，再加上文質的特質，實際上是格格不入的。因此走此運的人，就會有窮困、懦弱小氣、自私，把自己會料理得很好，有窮酸的寒儒特徵了。

武殺運中有武曲化忌時，是最兇惡的運程了，沒有錢還窮凶極惡的惹金錢上的是非麻煩。這是壬年所生的『紫微在丑』、『紫微在未』兩個命盤格式的人會碰到的運程，很多人在這個運程中因錢財問題被殺死了，報銷了生命。

武破運

此運是因為武曲財星居平，和破軍耗星也居平的運程。同樣是『因財被劫』的格局。武曲財星被耗星、戰星所挾持，因此是無財、窮困的運程。人在走武破運時，所遇到的問題就是沒有錢，需要耗財、花錢的事情又很多，捉襟見肘，窮相必露。有時會惱羞成怒而兇暴無比。有時也會因窮困而起歹念，這就是『饑寒起盜心』的真實意義了。會有一些人在這個運程時見財起意，劫持運鈔車，或搶銀行、綁架，做出膽大妄為之事。

一般的人在走這個武破運時，也會因為沒錢而膽子大，什麼平常覺得粗俗、粗重、不屑一顧的工作，也都願意委屈求全的去做，去賺那份極少的工資了。也不再講究顏面、廉恥的問題。有的女性在武破運時，因缺錢下海從事賤業。這個運程在道德水準上和廉破運同屬低等層次的運程。

西安事變的主角張學良先生是武破坐命巳宮的人，一生中常走這個武破運，同時也在流月運程逢武破運時，大膽的發動了驚天動地的西安事變，從此也注定了坎坷的一生。

武破運不適合考試、升職、升官，對錢財也只有破耗，沒有增進，運氣十分低迷，只適合做一些秘密的，間諜性的工作，且是兇險性高的工作。很多人都是為了錢挺而走險，在此運時成為秘密間諜或是殺手型的人物的。因此武破運實際也有引導人從事黑道、不法的勾當的事業，例如走私、買賣槍枝、販毒、販賣人口、打家劫舍、做銷贓集團，人蛇集團等不法的事情。

一般的人在走武破運時，頭腦笨笨，思想不周全，想賺錢，又不知錢在哪裡？到哪裡可賺到錢？因此頭腦不清、脾氣不好。愈生氣就愈沒辦法，生活的重擔就愈無法應付。其實在命格中有武破運的人，早就應該開始策劃、事先就要把金錢儲存起來，這個武破運，不是在巳年就是在亥年要逢到的，在頭一年走天同居平運時就應努力賺錢，把財運弄通順，才不會到走武破運時焦頭爛額，陷自己於水深火熱之中。

武破運中有武曲化權時，賺錢、管理錢財的本領差，但很頑固，又要做主管錢，結果愈管愈糟，虧空更大。武破運中有破軍化權的人，是好戰份子，也是游擊隊員性質的人，常向朋友打游擊，把朋友的財產當做自己的財產花用，讓別人敬鬼神而遠之。他們常在無錢時，強行創業、打拚、成果也很差，徒勞無功、白費力氣，只是使赤字更擴大。

武破運中有武曲化祿時，其人的人緣略好一點，有一點小財可進，但破耗仍多。武破運中有破軍化祿時，其人也會圓滑，可以找到人為其破耗付帳。也常會在破耗、打拚中得到一點油水、利益。但終究是衰運中不正常的事情。

武破運中有武曲化忌時，會因沒錢或爭奪錢財而惹是非、災禍。有這種運程時，會做蠢事入獄，也會因兇惡而使自己性命不保。

居午宮的同陰運

此運中天同福星居陷，太陰居平。表示沒有福氣也沒有錢財。人走此運時是非常勞碌、人緣不佳，沒有機會，也賺不到什麼錢的。

居午宮的同陰運，是一個溫和、懦弱、沒有頭腦、才智、瞎忙、惹人討厭，尤其和女人有磨擦，人緣關係不順利的運程。人在走這個運程時，常因為木頭木腦，感覺力差，感情淡薄，對人缺乏親和力，又不懂察言觀色、體諒感覺事情，而把自己陷入受氣、吃虧，忍氣吞聲的小媳婦似的境地。十分可憐。

人在走此運時，也會因頭腦不清，人很忙碌，但忙的不是正事和賺錢的事，對正事卻很懶惰。儘做些沒有意義，對自己和他人也無利的事情。可說是損人不利己的事情。因此這個居陷的同陰運，整個說來是個笨運，乏善可陳的運程，它是對考試、升職、加薪，一切的吉事都沒有幫助的運程，肯定是考不中而且成績太差的了。不過這個居陷的同陰運，因為只是懦弱無能，卻溫和，不會去做壞事，去侵害別人。有太陰化忌在運中時，錢財更困難，有更多的是非麻煩，和女性關係更差，有糾紛瓜葛，是必需要小心應付的。

同巨運

同巨運是天同福星和巨門暗星雙雙居陷的運程。這是『紫微在子』、『紫微在午』兩個命盤格式的人會碰到的運程。

同巨運因天同福星居陷而沒有福力，因巨門暗星居陷而是非災禍多。所以這是一個衰運，倘若再有其他的煞星、羊、陀、火、鈴同宮，問題會更嚴重。

人在走一般的同巨運（沒有煞星同宮），會有的不順利常只是讓你不愉快，心中煩悶，做事不順利，有小病痛，有口角吵架之事，有別人來糾纏的問題，或被罵，被責備等事情。

有一天我算到自己的女兒再過幾天會走到同巨運，便告訴她說：『下星期一妳會走同巨運，要小心！』

女兒說：『同巨運是怎樣的呢？有什麼不好呢？』

我說：『同巨運就是有些懶惰，什麼事都做不成，有口角是非、運氣不好的運程。』

果然在星期一的一大早，便發現女兒得了嚴重的感冒，喉嚨痛已沒有聲音可以說話了。但是學校中有重要的課程必須去上，因此還是勉強的去上課。中午時情況更嚴重了，頭痛欲裂，其實一整天都昏昏愣愣，上課無法專心。下午的第一堂課便被老師叫起來唸日文課文，沒有聲音唸不出來。老師說：『妳一定回家沒有唸書！』很生氣。女兒回家後比手劃腳的告訴我，她昨晚唸到二點鐘，只是因為沒有聲音，唸不出來才被老師罵。

我笑著告訴她，不必生氣。因為同巨運就是發生在丑、未時，會有不順的事情。倘若你的同巨運是在丑宮，未宮是空宮弱運，代表未時的流運是空茫沒有運氣的時刻，而外界的環境正是同巨運所主宰不順的環境，當然會遇到不好的事。同巨運若在未宮，丑宮也是空宮弱運，則不論丑時、未時都不吉。

她當月走同巨運，流日也是同巨運，流時也是空宮有同巨相照的運程，只是被罵一下，生了重感冒的小病，感到氣悶，這還是小事。只要過了這一天，再趕快把身體養好，便會恢復好運了。

女兒終於恍然大悟說：『原來同巨運就是會生病、會被罵、會唸書沒有成果的運氣！』

當然同巨運不光是上述的小事情，還會有工作上的波折，人際關係的波瀾不順，以及人事起伏等問題，但只要同巨運中沒有火星、擎羊同宮出現，都不致成為極惡劣的惡運。

記得馬英九先生在丑年時就是走同巨運，運氣很差，辭了法務部長的職務，和李登輝總統關係惡劣，形同水火。因此隱忍到大學教書。在寅年時走武相運中又有武曲化權，事情有了轉機，國民黨又請他回來競選台北市市長了。並且以高票當選。所以同巨運在政治人物的身上顯現時，情況更嚴重，所經歷的是非口舌更喧騰一時。但是吵也吵不贏，只有隱忍，等待這差的流運過去，才能平復，而且同巨運也會讓事情停頓或失去職務，是非常不好的運程。

同巨運中有擎羊、火星時是『巨火羊』的大惡運，會因是非爭鬥問題而自殺、傷害性命，凡是一切傷害性命的運程都屬大惡運。

同巨運中有天同化權時，行此運的人份外懶惰，做不了正事，只是忙些是非貪利的勾當，人緣也不好，常惹是非。同巨運中有巨門化權時，口舌銳利，喜歡搬弄是非，貪利忘義的行為很猖狂。

同巨運中有化祿時，是人緣稍好的狀況，是非口舌及壞運也就不那麼嚴重了。有天同化祿的人，仍然是懶惰愛享福的人，有口福，喜歡玩樂，做事沒績效。有巨門化祿的人，喜歡用是非口舌便佞來討好別人而取利。此時是最會拍馬屁的人了。也能夠靠口才得到一點自己想要的小利益。

同巨運中有巨門化忌的人，是會使自己的惡運因是非口舌而更加嚴重。這是丁年所生的人會有這個現象。此時要注意有擎羊同宮或在對宮相照的問題，會有因是非而牽連受傷、致死的可能，是不能不防的。

廉殺運

此運中廉貞居平、七殺居廟。不論是在丑宮或未宮，都是經過上一個運程溫和平緩的天梁運而進入奮鬥、拚命、埋頭苦幹的運程裡。

人走廉殺運時，喜歡競爭，打拚，奮起而行，但是廉貞居平，是故智慧和計謀、策劃方面是缺乏的，因此人在這個運程上流血、流汗很多，但不一定有成果出現。也不一定做事做得好，往往是得不償失、失去了很多的機會和好處的。

廉殺運是一個兇悍的運程，人好爭、愛搶著做事，但不用大腦，只是蠻幹，常引起別人的抱怨和責罵。但人在走廉殺運時是完全不顧別人的感覺的，只顧自己做自己覺得對的事。所以廉殺運在人緣關係上和做事成就上是很差的運。在賺錢的問題上，也因為智力不足，對錢財的敏感力不佳，用盡了一切辛苦的辦法，賺錢卻很少。

人在走廉殺運時很能刻苦耐勞、節省吝嗇的度日，這是因為財少的關係。因此不論是在心態上或真實生活裡都不敢浪費。

廉殺運不利於考試、升職，因為辛苦了半天，成績不佳，也得不到上司的認同。這完全是因為智慧不足的原因使然。

廉殺運適合軍人警察等武職人員。很多人在這個廉殺運裡面考上軍校、警校，做了軍警業的從業人員。但是廉殺運依然是辛苦勞碌、財少的運程。若是希望不太大，也不太介意勞動的話，一般的廉殺運也不算太壞的運程。只是要小心血光、傷災的問題即可。

廉殺運最怕有擎羊、陀羅同宮，或在對宮相照的格局，這就是『廉殺羊』、『廉殺陀』的格局，會有路上埋屍，死於外道之險。今日引伸做車禍事件。其實『廉殺羊』、『廉殺陀』，並不只包括車禍，凡是在外面身亡的事件皆算，例如遭盜匪搶劫殺害、出遊時掉落山谷致死，被屋外的重物壓到而傷亡，凡是屬於受到金屬傷害會流血的這種運程的範圍。這些都是會傷害性命的惡運。上述若能算好流年、流月、流日、流時，在那一個交集點的時間。

儘量不要暴露在戶外，就可能可以逃過一劫，而得到重生，但是多數人不懂，也懶得算時間，等事情發生後再來後悔。

廉殺運也容易生病、開刀，會生有關於血液的毛病。

廉殺運中有廉貞化忌時，有官非爭鬥厲害的問題，很可能會坐牢。有血液不清的毛病和血液有關的病症。有廉貞化祿時，其人會在此運中有稍好一點的人緣關係。但要小心桃花問題。有廉貞化祿的廉殺運是比較好一點的運程，做事、讀書還會有一點成果，但在財的部份仍然不多，也仍然是辛苦勞碌的運程。

廉破運

廉破運無論是居於卯宮或酉宮，廉貞星都是居平位，破軍星都是居陷位的。這是『紫微在巳』和『紫微在亥』兩個命盤格式的人會碰到的運程。

在廉破運裡廉貞所代表的智慧和策劃能力居於極低的層次。破軍所代表的破耗居於肆無忌憚的狀況。所以廉破運根本就是破耗主宰了整個的運程。沒有智慧更加速了破耗的形成。

廉破運是一個惡運。很多人在走廉破運時破產，或借錢給人要不回來，或者被倒會、倒債。也有人在廉破運中離婚，破家。人在走廉破運時運氣很不好，損失慘重。我們看廉破運的流運遷移宮裡是天相陷落。天相是福星，連福星都陷落了，當然救不了這個廉破運了，只有任其損耗和麻煩上身。

在廉破運中是對升官、升職、考試具有惡運性質的運程，考試考不好，升職也升不成，不被開除、辭職、解職已經是萬幸的事了。廉貞主品職與權令，居平陷位時，便沒有了這項能力。破軍主爭戰和波動及奮鬥力，屬於煞星居陷時，負面的影響大，正面的影響力小。愈奮鬥就愈破耗得凶。其實廉貞和破軍兩顆星都是煞星，煞星居平陷，凶性就特別大了。所以此運不吉。

廉破運對於事業和進財全不利，是賺錢賺不到，又要賠錢的狀況。有一些人在走廉破運時會做低賤的工作或是骯髒的、別人不願意做的工作。有時也會做別人不願意做的危險工作。例如在南部有一個養蛆很賺錢的人，就是廉破坐命的人，一生常走廉破運，這種工作就不是一般人能做的了。走廉破運的人，也常有人做情報工作，出生入死，非常危險，但他們天生膽子大，不畏艱苦，而能成事。另有一些女性會因在廉破運中家庭所經營的生意破產，而賣身火窟，或下海做舞女，色情行業，這些都是廉破運所造成的特殊狀況。

人在走廉破運時，性格衝動，大膽，敢講別人所不敢講的話，而且不怕丟臉，失顏面，敢做敢當，說話狂妄，有時很陰沈，性格固執，堅強，會死命向前衝。在廉破運裡，也會破祖離鄉到外地發展，重新開始。人在走廉破運時，不重衣著，邋里邋遢，不修邊幅，行為乖張，讓人側目。也會不守禮儀，愛說黃色笑話等現象。

一般在走廉破運時，並沒有太好的解決方法，只有極早知道廉破運的厲害，預作防範。錢不要借給人家。在廉破運來到之前，把自助會結束掉，或早一點把錢要回來。在廉破運時保守行事，不要再擴張事業，以免破產。倘若自己控制不了家庭事業逢到廉破運的破敗，就及早去找到一份安定的工作，自食其力，以免家庭中的長輩走廉破運破產時，會波及自己沒飯吃，無法生存，或代為償債。

廉破運中有破軍化權的人，是會更加速、加重破耗的人，通常他們是最不怕死的打拚份子，適合做游擊隊員。這個人同時也會具有廉貞化祿在廉破運中，但廉貞化祿並不會為此人帶來很多的財利，只不過讓此人人緣稍好，以及有精神享受及特殊品味而已。在這個運程中，此人會很能幹、善於打拚和表現的。

廉破運中有破軍化祿的人，仍然是破耗多的人，大膽狂妄依舊，但言語較圓滑。會自圓其說並且善於打拼有利。台北市議員林瑞圖先生就是廉破坐命，命格中有破軍化祿的廉破運，一生中常走這個有破軍化祿的廉破運。因此在選舉中是常勝軍。

廉破運中有廉貞化忌的人，非常慘了，會有官非和爭鬥之事，一生中每年都會有流月經過一次這個廉破運，每月至少有兩天左右會經過這個廉破運，所以一生都不順，非常辛苦。

居陷的太陰運

居陷位的太陰運，會在卯宮、辰宮、巳宮出現。這三種太陰運，會因流運遷移宮中的星曜，做不同的影響，但大體來說，居陷的太陰運主要的特徵在錢財稀少、窮困、人緣不佳、對情感缺乏敏感和付出，以及和女性同胞的不和，沒有緣份。同時也沒有陰財（儲蓄的力量）。

在卯宮的太陰運

此運因流運遷移宮中的是天同星居平位。福星居平，是溫和、勞碌於玩樂之事，對正事懶惰的狀況，因此無財可進而窮困。有時候是根本弄不清該努力的方向，對金錢沒有敏感力和奮鬥力，而形成財少、不進財。遷移宮代表的是周圍的環境，處在這樣一個環境裡，打拚能力，奮鬥能力是不足的，再加上自己本身對別人在情感的付出上很差勁，感覺能力很遲鈍，人緣也自然不夠好了，因此生財的機會就少了。

在卯宮的太陰運裡若有文曲星同宮，倒是具有卜卦算命的時殊靈感的，這是老天爺賞飯吃，可以在此運中學習命理，會有一些心得的。

一般普通的人走在卯宮的太陰運，通常是笨笨的，不太愛用頭腦，喜歡坐享其成，但又沒有人肯給他福享，因此財少、福少。但是在此年學習過命理之後，便會知道下一個年份走武貪格暴發運了，便能夠虛心等待良機，而不再怨嘆此運不佳了。所有的好事都等待下一個運程來完成吧！

在辰宮的太陰運

此運因流運遷移宮中的是太陽陷落，因此周圍是一片晦暗氣象的環境。在這個太陰運裡，因『日月反背』的關係，奮鬥力和上進力都不足，心態容易懶散、灰心、在賺錢方面不賣力，因此財少。

人逢此運中，常心灰意懶，做事不起勁，心裡常鬱悶寡歡。但若認真的想一想。周圍的環境是太陽，雖然居陷無光，但至少是一個寬容並蓄，溫和的環境，若沒有煞星的侵臨，情況還不至於太壞，所以若能使自己積極起來就能進財。另一方面，此運雖然與女性不和睦，但她們只是冷淡，並沒有攻擊力，倘若自己能訓練自己機靈一點，善解人意一點，便能打破疆局，改善這個太陰運了。

在巳宮的太陰運

此運因流運遷移宮中是天機居平。而周圍的變化太迅速，無法應付，而賺不到錢財，因此無財。也會因周圍的人太機警，太聰明搞怪。你鬥不過他們而生疏遠離，人緣不好。

人在走太陰運時，太陰是月亮，行動是較遲緩的，它比別的星球走得慢。人在走太陰運時，也是溫和遲緩的，感情是慢慢放出的。在居陷的太陰運裡，釋放感情的速度更慢，感覺和感應力也是極差的，比不上太陰居旺的時候。天機是一顆速度很快，善變的星。居平陷時、變速更快，而且沒有一定的軌跡和規劃，居陷的太陰星和居平的天機星相遇，根本是快慢兩極的極至。所以根本是不協調、不搭調的狀況。如此的狀況怎能產生好運出來？

人在走居陷的太陰運時是根本無法應付外界的變動，和人際關係中的鬼怪聰明的，所以人緣不佳，也賺不到財。這是在三個落陷的太陰運中運氣最差的一個了。

三種落陷的太陰運都不適合考試、升職、升官、做生意。因為感覺不靈敏，唸書唸不好，成績太差，考都不想考了，如何會中試？人都受到排擠了，如何能升職。人在落陷的太陰運裡說得好聽是溫和，其實是懦弱怕事，做不好事，也不想做事的，害怕愈做愈錯。所以是不得上司喜愛的。在此運中做生意也會因選擇了不賺錢的事業而讓自己窮困，這是不智的時間，千萬不要異想天開，以為人定勝天而做投資，虧得會很慘。

落陷的太陰運中有太陰化權時，會成為固執加速失敗窮困的人，並且會受到與你不和的女性的控制，並使你損失和失利。有太陰化祿時，稍有人緣，並且可和女性的情誼較緩和。也會稍有財利進帳。有太陰化忌時，錢財的困難，是非災禍非常顯著，並且和女性失和嚴重，受女人的氣最多，害你的也是女性。

落陷的太陰運中有化忌，再有擎羊星時，是最惡的惡運了，會有是非災禍和自殺、被殺的傷亡事件發生，也最可能會因錢財糾紛，和女人的問題慘遭殺害。這是甲年生、乙年生的人最要注意的問題了。乙年生的人，尤其在辰年的太陰運中有化忌、擎羊是最凶的太陰運了。

廉貪運

此運無論是在巳宮或亥宮出現，都是廉貞、貪狼雙星居陷位的狀況。這是『紫微在丑』、『紫微在未』兩個命盤格式的人會碰到的。

廉貪運是爛運，這是無庸置疑的，廉貪運也是凶運。廉貞代表的是品職和權令。居陷時，便失權、失令、失職。貪狼代表的是人緣和好運機會。廉貪落陷時便無人緣和無好運機會了。所以人在走廉貪運時，是面目可憎，令人討厭，到哪裡都不受人歡迎的。有時侯他想說一些話來巴結別人，講話不得體，會造成反效果，讓人更是生氣，而退避三舍。

廉貪運因沒有人緣，而失去賺錢的好運機會。在此流運的遷移宮中又是空宮，無其他的主星來幫忙它。若空宮中進入火星、鈴星則會有『火貪格』、『鈴貪格』，這就是有小小的暴發運格了，是可以暴發一些錢財的。火星、鈴星在巳宮居得地合格的旺位，在亥宮居平陷之位。因此火星、鈴星和廉貪必須同宮在巳宮，或是火、鈴在巳宮、廉貞在亥宮相照，才會有較多一點的偏財運，但是這個偏財運只是一般發點小財，是不足以致富的。

廉貪運除了有暴發格能多進錢財之外，一般的廉貪運都是只有消耗沒有進帳的。廉貪運最怕遇文曲星和陀羅星，遇到此二星，都有桃花問題。廉貪運遇文曲在巳宮，會口舌銳利、桃花不斷，是一些邪淫桃花，為人風騷，愛表現，重情慾，但廉貪是爛運，總會吃虧上當。廉貪運遇陀羅星，不論是同宮或在對宮相照，都是『風流彩杖』格，也是邪淫的桃花格局。人逢此運會在情色場所打滾，或沾染桃花糾紛，也會因酒色得病傷身。這些問題都是在走這個廉貪運時自己攪進去的，別人幫不上忙，也無解。

人在走廉貪運時，當會多說少做，愛幻想。天真，既沒主見，又愛發表意見，說話不好聽但心直口快，常得罪人。為人衝動、潑辣，喜歡參加酒色財氣的聚會，到色情場所，也容易犯官符，犯桃花，惹糾紛。所以廉貪運是成不了事的爛運。任何人走廉貪運都會有如惡夢一場。女性走廉貪運，也會犯桃花，做出軌的事。或是私奔、下海陪酒做賤業。

廉貪運有廉貞化祿或貪狼化祿，都是桃花極重的流運，無論男女逢此運時容易賺風化錢，做色情行業。一般人在此運中，人緣好一點，但圓滑不正派。

廉貪運有貪狼化權時，是邪淫又兇悍的運程，常會有機會趁人之危，而主控不法的事情。這個運程讓軍警人員逢到反而是好運，可以在變通的情況下反敗為勝。因為軍警業必須有兇悍可以制伏敵人的特質，貪狼化權便可在機會不太好的狀況下制敵致勝。

廉貪運中最怕有廉貞化忌和貪狼化忌了。會更增加官非、爭鬥、和人際關係的惡劣，會變成層次更低的爛運，容易終身周旋在官非爭鬥和惡運之中。

居陷的巨門運

居陷的巨門運主要存在於辰宮和戌宮。這是『紫微在卯』、『紫微在酉』兩個命盤格式的人會碰到的運程。

居陷的巨門運主要是給人帶來爭鬥、是非口舌、麻煩、爭吵、官非和一切因人因事而起的不順利。巨門是暗星、隔角煞，本身就具有是非暗昧的因素，居陷時問題更多。

人在走居陷的巨門運時，性格是多疑，不穩定的，容易進退反覆，愛欺騙人也常受欺騙，不誠實，喜歡惹是非，逞口舌之快，口舌便佞，不滿現狀，心胸狹小，愛賭易輸，喜歡講廢話，容易丟東西，也容易上當受騙。

居陷的巨門運，運氣很差，不但是非麻煩多，容易禍從口出，病從口入，多半會生與口舌、消化系統有關的病症。

人在走居陷的巨門運時，喜歡算命、相信巫師、密醫、仙道符咒，也會頭腦不清的做出不可理喻，或不法的勾當事情。

居陷的巨門運是壞運、衰運，任何人遇到它，最好是閉嘴和閉門不出，不要見人，以免災禍、口舌是非上身。

居陷的巨門運中有火星、擎羊出現，或在三合宮位中照守，都是具有厭世的念頭，會投河自盡、上吊或以其他方法自殺。

巨門是孤獨之星，居陷時，孤獨更甚，在居陷的巨門運中，會因是非纏繞而心情鬱悶而走向孤獨禁閉的自我封鎖。

居陷的巨門運若有巨門化權時，會有一點挑撥是非的影響力，也會因頑固的性格，堅持的處在是非爭鬥的惡劣環境中無法鬆脫，反而是不好的事。此運中若有巨門化祿，反而會增加一點人緣和說話技巧，對自己有利一點。此運中若有巨門化忌，會使惡運更嚴重，爭鬥是非使自己更陷於不測的境地，災禍頻至。

居陷的天梁運

此運是居於巳宮和亥宮的天梁運。這是『紫微在辰』、『紫微在戌』兩個命盤格式的人會遇到的。

在巳、亥宮的天梁運，因流運的遷移宮中有天同居廟。表示外界的環境很平和、舒適，又是慵懶的狀況，因此人走此運時，只是打拚、奮鬥力不足，自己不成氣，再加上沒有貴人蔭庇的力量，沒有長輩上司的照拂，因此運氣不是很強，算是弱運。但它是溫和的運氣，絕對不是惡運。

居陷的天梁運在升官、升職中是絕對沒有運氣的。因為升官、升職一定要有貴人來幫忙，缺少了貴人的幫助，是肯定升不了官和升不了職的。此運也無法生財，天梁是貴運，不帶財，居陷時不主貴，更不主財，因此對財運無效。

可是居陷的天梁運仍然可以用來參加考試和讀書。因為在此運的三合宮位中出現太陽星，具有『陽梁昌祿』格的基本雛形若再有文昌和祿星在三合宮位和對宮出現，便可形成格局，就對考試有利。雖然在此運中，太陽、天梁都可能居陷，考試運是非常辛苦的，但是仍有機會考中。這是此居陷的天梁運唯一有利的事情，利於讀書、考試。

人在走居陷的天梁運時，性情緩慢、沈穩，喜歡東跑西跑，很奔波，奮鬥力和上進心都不足。常喜歡玩樂之事，也不喜歡負責任，多做事。人在此運中，活潑、外向、熱誠、爽朗、性格溫馴，有異性緣，也喜歡交遊、交際，和平輩或晚輩來往。在此運中和長輩的關係欠佳。也無法獲得長輩的喜愛。人在此運中會躲著長輩型的人物，怕他們數落自己或挑剔自己。因此得不到長輩的認同，人在幼年走此運時，會得不到父母妥善的照顧。在成年走此運時得不到長輩的輔助和疼愛，所以官運不好，也不懂得和長輩、上司之間如何加深親密的關係。

居陷的天梁運有天梁化權時，走此運的人是自以為是，固執、霸道的人，無法用感覺來體諒別人，也無法真正掌握到好運。有天梁化祿的人，會人緣好一點，但自私自利，只以自已為重，枉顧他人利益，也會讓別人反感。人在走此運時，會因得到意外的利益而加重負擔。有天梁化科時，會注重自已高貴、自傲、文質氣質的發展，對別的好運方面是沒有意義的。

擎羊運

擎羊運是一個兇悍的運程。如果單星出現在運程中，也以在辰、戌、丑、未四墓之地為居廟位，凶性有之，但不至極惡。居子、午、卯、酉四敗地為居陷位，是真正的兇惡運程了。擎羊星不會出現在寅、申、巳、亥四宮。擎羊運縱然是居廟位和主星吉星同宮，也會為吉運減分，而有血光傷災的問題。單星在運程中，其性格特徵就特別突出。

擎羊運主要是剛強、霸道、好爭鬥、愛計較，容易衝動、尖酸刻薄的運程。人在走此運時，會固執不講理，強行要佔上風，佔不到便記恨報復，人在走擎羊運時，感情是脆弱敏感的，敢愛敢恨，也會由愛生恨，感情用事，對感情有獨佔性、比較性。人在走此運時倘若他覺得自已所喜歡的人或在意的人，喜歡別人多一點，或對別人較好，便會馬上吃醋，加以報復，絲毫不留情面，所以有些人在發生感情問題，又走擎羊運時，會衝動的殺死情敵，或殺死變心的人。

人在走擎羊運時，表面上會恩怨分明，做事乾脆，不會拖拖拉拉，有冤報冤，有仇報仇。其實人在走擎羊運時是十分有計謀、陰險、毒辣的。人在走此運時，多半有一些神經質，喜歡用腦過度的來預測、策劃事情，不斷的做沙盤演練，或把事情想得很深遠，幾乎超出了可能發生的景況。所以人在走此運時，因用腦過度，會經常頭痛。

人在走擎羊運時，喜歡明爭、暗鬥、爭強鬥狠，性格衝動、無法自制。在心態上又很自閉，很少會把心中的想法告訴他人，也不會向外界尋求援助。這就是當擎羊運走向邪惡的毀滅之途時，其人的晦暗鬱悶、深沈、陰險的心態所導致的後果。

擎羊運利於競爭，更利於武職。倘若在考試、升官、升職運中有擎羊運，擎羊又居於廟地，則會在此運中經由激烈的競爭而致勝，得到考中機會和升職運。倘若擎羊是居陷位的，惡鬥會份外兇狠，而結果自己會失敗。

擎羊運利於軍警職和競爭激烈的工作，同樣是居廟地的擎羊運會致勝，居陷地的擎羊運會倒楣。居廟的擎羊運就是大家俗稱的『化煞為權』。

擎羊運對於賺錢財運方面是辛苦的，必須付出許多勞力、腦力和心血的，不是太順利。居陷的擎羊運則付出心血也賺不到什麼錢，反而會傷害賺錢的機會，很是不吉。

・衰運及惡運運程

擎羊運不論旺弱都是傷災、病災、會開刀、有血光，而且還會發生車禍，有鐵器的傷害。並且擎羊運最可能是結束生命的惡運。往往大運不好，又在流年、流月、流日中走擎羊運時，就是生命結束的日子了。

陀羅運

陀羅運是一個愚笨又兇悍的運程。陀羅星在辰、戌、丑、未四墓地為居廟旺之位，在寅、申、巳、亥為居陷位。不會出現在子、午、卯、酉四宮。陀羅星居廟位時，兇性還有所節制，居陷時每況愈下，是無法節制的。

人在走單星的陀羅運時，會做事遲緩拖延，性格緩慢愚笨，且容易心術不正，性格奸滑，也喜歡用腦子想事，但總往壞處想，心境不清靜，容易惹是非、小人。有時候想的太多，總把事情做負面的、灰色的想法，把自己陷入自我性的精神折磨裡。人在走此運時，對家人和親近熟識的人都不信任，把他們當做假想敵。而相信剛認識的人，認為他們不會瞭解自己的短處，不會挑剔自己，又加以信任，結果常遭外人欺騙、騙財、騙色。

人在走陀羅運時，運氣不好，也特別笨，常想用特別的方法來做事，結果都做不成。但他會自我原諒，並替自己找藉口，推御責任。人在走陀羅運時，凡事都有波折、坎坷，運氣很不順，心情鬱悶，又不服輸，奔波勞碌、一事無成。人走此運時，喜歡暗中做一些自以為是的事，等到暴露出為笨事之後，又自怨自艾的認為是別人不瞭解我的心。事實上這種頑固不願學習上進的心，是自己最大的敵人。

人在走陀羅運時，很會記恨，也會報復。常常先埋在心底，等到有一天才一起暴發出來。人在走陀羅運時，好事、壞事都會拖。結婚、訂婚時逢陀羅運，會有臨時退婚的狀況。在戀愛時逢陀羅運，會被人東嫌西嫌，也可能會遭遺棄、分手。

考試運遇到陀羅運是肯定考不上要重考的。因為當時頭腦太笨不開竅，唸書唸不好，程度差。升官、升職運遇到陀羅運會好事泡湯。一般人遇到陀羅運，最好離家奮鬥，用奔波忙碌來消耗陀羅運便會平順多一點。

人在走陀羅運時，容易有傷災、意外扭傷，跌破唇齒，傷到骨骼。尤其是左手、左腳的傷害。也容易有車禍、金屬器的傷害。

學生在考大學的階段時走陀羅運，必須居旺，可以考上軍警職的學校，考文職學校則考不上，居陷的陀羅運也考不上任何學校。命格差的人有煞星居陷坐命的人，在陀羅運時會從事兇險、陰暗的工作，例如在墓地、停屍間、喪葬業工作等等，這不是一般人，及一般運氣可做的事。必須是命格中有羊、陀、火、鈴、殺、破等凶悍煞星坐命宮的人和帶陰氣走陰暗運程與鬼神打交道的運氣的人才能做的事。否則就會有病痛和早亡之事。

火星運和鈴星運

單星出現的火星運和鈴星運，都是以寅、午、戌宮為廟地，以申、子、辰宮為陷地。

人在走火星運和鈴星運時都會性格剛烈、火爆，容易發脾氣，做事急躁、容易出錯，愛爭強鬥狠，愛賭、愛辯論，做事講求效率，馬馬虎虎，對別人要求多，自我要求不夠，勞碌奔波，也容易引起是非和傷災。

人在走火星運的時候很愛時髦、愛做流行的打扮，會染各色的頭髮，穿奇裝異服。一般人走火星運，對時髦條件不嚴重的，就是愛漂亮打扮，使自己跟上流行而已了。年青的人較會做怪異的裝束。人在走火星運時，速度快，思慮不周到，這個運程的智商是沒有鈴星運來得高的。而且很多年青人在此運中臉上會長出青春痘，嚴重的，臉部全是紅紅爛爛的一片，這肯定是個命中火多缺水，而且火星運在旺位運程的人。並且脾氣火燥急怒的人。

在火星運中的人，特別要注意運程三合宮或對宮與本運程之間有太陽、廉貞、紅鸞等星的存在，或是有火星、巨門、擎羊，流運走到的時候會有火厄、火傷，或是因火致命，有鈴星運的人也是一樣要注意這些事情，以防遭火燒傷、燙傷、燒死。有上述格局的人，必須要算好流年、流月、流日、流時，以防有難。

在運程中有鈴星運的人，逢運時會特別聰明機靈，反應快，有機智，此時比火星運時的頭腦好，但更愛表現，心胸較狹窄，更愛競爭。記憶力更好，而且做事較陰狠，有計謀。在鈴星運裡的人，常做了事又後悔，情緒變化很快，也有報復心態，是故常引起意想不到的災禍。人在走鈴星運時皮膚也不好，虛火旺，有用腦過度、頭痛等現象。人走此運時，喜歡流行資訊方面的知識，這一點和火星運時愛漂亮是不同的。

人在火星運和鈴星運中都會有一點暴發運。倘若此流運的對宮是武貪雙星，那就是很大的暴發運了，可得到更多的錢財。但是火星運和鈴星運中暴發的錢財，來去都很快，這也是其特性。鈴星運的爆發偏財運會比火星運暴發的強度強，暴發的錢財也稍多一點。火星運和鈴星運在對宮和三合宮位中都不可有煞星，否則便會有災禍、事端發生，也容易有車禍事故，事情發生得很快。

人在火星運、鈴星運中更要注意身體健康，此二運中容易發高燒，身體也容易發炎。因此火厄、病災、車禍、傷災、暴發偏財運就是組合了火星、鈴星這兩個運程的重要條件。

地劫運和天空運

這兩個運程都是極差的運程，會使好事成空，變成虛無，壞事留下，或接二連三的出現。

地劫運、天空運都是出現在空宮弱運之中的，尤其在寅、申、巳、亥四個宮出現的機率最高，單星出現時最主要的在這四個宮位。此四宮又稱四馬宮，是勞碌奔波，奔忙不已的宮位。因此在地劫運、天空運居於此四宮時，是忙來忙去，白忙一場的。

地劫運的特色是有外在壞的力量，突然一出現，強勢的主導，把錢財和物質方面的東西劫走了，因此算是劫財的運程。當然它也會劫走好運，劫走其他有關人緣機會、知識性、成就性的東西。

人在走地劫運的時候是喜怒無常，心性不穩定的，性格固執，不合群，容易和人有是非，比較自私吝嗇，會把錢花在自己身上，喜歡揮霍，毫不痛心，對別人卻十分吝嗇，愛計較。人走此運時，常入不敷出，寅吃卯糧，錢財的漏洞很大。

人在走地劫運的時候，人較孤僻，人緣不佳，機會就少，而且常有外來的影響使事情和機會泡湯，這是十分不利的事情。人在走地劫運時也特別的好幻想，不實際，喜歡變動和標新立異，這也容易使事情和機會發生變化莫測的影響。

地劫運最差的就是在巳、亥宮，流運遷移宮中又有廉貪的運程，這更是一個人緣極差、機會極少、凡事不順，什麼都會失去的運程。當然財運就更不容易獲得了，實屬最差的運程了。

天空運是使一切成空的運程。人在天空運裡，頭腦會清明、聰慧，有創造力，有特殊的靈感。這是因為把以前舊有的思想都排除乾淨了，又重新吸收新知識再重新開始創造的結果。

天空運並不是完全不好的，也不是完全空無的。有一種天空運就是貴運。例如天空運在酉宮，流運遷移宮（卯宮）中有陽梁居廟的天空運，這個運程是『萬里無雲』格，是貴格。這個在酉宮的天空運便是貴運。人逢此貴運時會大公無私，視錢財如浮雲，能為百姓人民做一番大事業，這是大愛的表現。

國父　孫中山先生便是天空坐命酉宮有陽梁相照的人。一生經常走這個『萬里無雲』的貴運。因此能大公無私的為百姓推翻封建制度的政府，開啟新時代的來臨。成為中國老百姓的國父。

一般人在走天空運時，比較清高，不愛財，因為萬事容易成空，而心態上已接受現實，比較沈穩，不再浮躁，對名利會看淡，也容易過著閒雲野鶴的日子了。

5. 輕鬆賺錢的好運時機

大家都知道財星居旺當運，是賺錢最多的好運時機。賺錢沒有不辛苦的，不辛苦哪裡能賺得到錢？但是到底有沒有輕鬆鬆就賺到錢的運程呢？到底是什麼人會有這種好運呢？

輕鬆鬆就賺到錢的好運當然是有的，而且還有好多種，你想不想知道呢？想不想驗證一下？

輕輕鬆鬆的賺錢，表示不必費太多力氣就可賺到錢。這個時間首推『紫府』的好運時間，其次有紫相、武曲、廉相、武相、同陰、天同、天相居丑宮、天梁居丑宮、太陰居亥宮等時間。在這些時間裡，輕輕鬆鬆賺錢的方式，各有不同，輕鬆度和賺進錢財的多寡也有等級分類。不過呢！這些會賺錢的時間，都會讓人在快樂、安祥的時間裡度過，而且是覺得時間過得好快喲！現在依次介紹這些輕鬆賺錢的好時間。

輕鬆賺錢的好時間

紫府運

人在走紫府的大運、流年、流月、流日、流時的時候，因為前一個運程是天機陷落，非常不好，因此在進入紫府運中，馬上就鬆了一口氣，把心放下來，穩定軍心，重整齊鼓的開始建設利於自已的財運了。這個運程的富裕並不是馬上得到的，而是漸漸運氣愈走愈旺的。在這個紫府運剛開始時，因上一個天機陷落運，造成了嚴重的動盪、破耗，所以在紫府運一開始時便要彌補破洞和上個運程遺留下來的缺失、修補完畢，才會有儲存的能力，所以紫府運要走到整個運程的中間才會好。

人在紫府運中氣度嫻雅、莊重、威嚴，精於計算、一板一眼。雖然在此運的流運遷移宮中是七殺星。周圍外界的環境是個競爭激烈、好爭、好拚的世界。但是走紫府運的人，經過上一個落陷的天機運，已歷經最壞的變動，毫不懼怕了。他會以靜制動，以穩重、沈著對付周圍的蠻幹份子，結果氣定神閒，智商一流的人，以坐懷不亂之姿態，贏得了競爭的勝利，也贏得倉豐庫滿的錢財。紫府運中的紫微、天府都是屬土的星曜，屬土的星曜都有穩定的特質，態度和動作都慢吞吞的，慢慢的精打細算，讓行動快速的人都受不了而敗下陣來。所以他們都得到最優渥的戰利品。

紫相運

紫相運也是個慢吞吞的運程，也是因為前一個機巨運，變動太多、爭鬥太多、又好不容易爭鬥贏了，所以在紫相運時便想輕鬆下來，稍為休息舒解一下。紫相運的流運遷移宮是破軍居旺。表示此時周圍外界的環境中，仍是有些人在激進的想打拚、爭鬥和破耗的。也因為紫相運已經過前一個機巨運的激烈是非爭鬥而致勝了，所以周圍環境中再有爭鬥問題已見怪不怪，並且有足夠的應付經驗了，是故可以安享太平，享受一些並不是最強的輕鬆時間。（因為紫微、天相皆居得地之位，故不是最強的享福時間）。

在紫相運的流運財帛宮中是武府，皆居廟旺之位。表示走這個紫相運的人在家裡忙著數錢，也忙著存錢。

紫相運中紫微屬土，天相屬水，在辰宮時，辰宮是溼土，水土交融，因此紫相運在辰宮是財運多一點的格局。戌宮是乾土，會吸水，天相的水會被吸收殆盡，因此紫相在戌宮是財運較少一點的格局。另外紫相運在辰宮是『紫微在辰』命盤格式的人會碰到的，這個命盤格式是太陽居陷，太陰居廟的，表示整個的命理格局是主財的格局，故一生較以賺錢為重。而紫相運在戌宮的是『紫微在戌』命盤格式的人會碰到的，這個命盤格式是太陽居得地剛合格的旺位，而太陰是居陷的，所以『紫微在戌』命盤格式的人，是以主貴為主的命理格局，一生運程以做事、做官為主，在錢財方面就會略少一點了。

紫相運在聰明才智上並不是很強，只是紫微和天相兩顆星都是緩慢、穩重的星，而得到氣定神閒的輕鬆賺錢的好運。

武曲運

人在走武曲運時其實並不清閒，因為流運遷移宮中是貪狼星，這是周圍環境人緣很好，機會很多的環境。而且機會會自動找上他。同時這也是『武貪格』暴發運格，很多突然找上來的機會讓人應接不暇。這時候賺錢是輕鬆的，愉快的，賺也賺不完的，並不需要傷太多腦筋，便能賺錢了。所以這是個輕鬆賺錢的時間，我們可以從此流運的流運財帛宮中是廉相，就可看出這是一個完全不須要多費腦子就賺到錢的運程了。廉貞居平、天相居廟，廉貞是智謀策劃之星，居平時沒有智謀和策劃能力，天相是福星。居廟時享福較多，也不會勞碌了。所以武曲運就是這麼一個自己送上門來，算一算、點一點數目就好的輕鬆賺錢運了。

廉相運

人在走廉相運時，是智慧不高，策劃能力不佳的，但是有天相居廟的這顆福星，所以非常穩重，行動思想都非常緩慢了。廉相運的流運遷移宮是破軍居廟，周圍環境亂哄哄的，有的磨拳擦掌，有的破耗無度，但是走廉相運的人，是以不變應萬變的姿態來應付的。廉相運的流運財帛宮是紫微、天府財運非常好，是以高尚、平穩、坐懷不亂的姿態而庫滿倉豐的金錢運。

廉相運就是這麼一個有點笨，能夠偷懶享福，不需競爭，可以以安逸、優雅、清閒的姿態而擁有錢財的好運時間。

武相運

人在走武相運時，可以安逸、輕鬆的得到一般中等程度可以享福順利的錢財。在這個運程中所能輕鬆賺到的錢財數目並不是很大的。只是可以富裕的生活、舒適夠用罷了。這主要因為賺錢的智商並不是很高的，我們可以從此流運的財帛宮是廉貞、天府，就可看出問題癥結出來。所以武相運中的武曲財星是居得地剛合格之位的。

武相運主要在於享福、享受衣食上的快樂、享受生活中舒適的環境。此運中天相居廟，使武曲的活動力減低。同時也平穩了流運遷移宮中破軍星的動盪。所以武相運也是一個輕鬆賺錢的好運時機。

同陰運

此處所談之同陰運是指在子宮的同陰運。此運是天同居旺，太陰居廟的。天同和太陰都是穩定、緩慢、注重精神上的感覺的星曜，它們在身體上的動感是不足的。人在走同陰運時，愛撒嬌、愛享福、愛偷懶，又天生有人會寵愛他，讓他偷懶享福，也溺愛他，讓他生活舒適。在同陰運中所賺的錢，肯定是像薪水之類，有固定時間、定期發放的錢財。所以同陰運的財運並不十分大，但是卻可以輕鬆賺錢的時刻。

在亥宮的天同運

天同是福星，在亥宮時居廟位，是真正能享福，享受平順、不想勞動的時間，此運程的流運財帛宮是空宮，有日月相照，相照的太陰是居廟的，太陽是居陷的，代表實際上此運是勞碌不多，賺錢也不夠賣力，錢財是以緩慢的，漸漸增多的方式出現的，天同運本來就是『機月同梁』格中的一員。肯定要賺薪水階級的錢，拿薪水當然不會太多，所以天同運是輕輕鬆鬆上班賺錢的運氣了。

居丑宮的天相運

此運因為天相居廟位，天相又是穩定、不愛動、速度感緩慢的星，而得以享福。此流運的財帛宮是天府，表示是靠精於算計而得財的。人在走此運時，最愛做的就是會計工作了。並不喜歡做往外跑、勞碌奔波的工作。因此也是個輕鬆賺錢的命理格局。

居丑宮的天梁運

此運也因為天梁星是穩重、不好動，屬土的星曜而十分穩定。同時在它流運遷移宮中是天機陷落。周圍環境中是變化多端，運動快速，而且智慧很低的環境。天梁星就居於領導和復建，收拾殘局的地位之中了。再加上此運程的流運財帛宮中是太陰居旺，這也表示此運的財是陰財，是慢慢積蓄的財，是急不得的。這也是『機月同梁』格式的以薪水為本位的財，是故天梁在丑宮的運程，也是一個可以輕輕鬆鬆有固定收入的好運時間了。

居亥宮的太陰運

此太陰運居廟位，因為流運遷移宮中是天機居平。表示周圍是動盪不寧，智慧不高的環境，所以人在走這個太陰運時不是做薪水階級，領固定的薪資，便是有房地產可收租金，錢財都在一定的金額上有固定時間來獲得擁有的。所以這個居亥宮的太陰運也是輕輕鬆鬆賺到錢的好運時機。

看到上述這些可以輕輕鬆鬆來賺到錢的好運時機，你是否也曾經過這些

6. 悠閒致勝的良好時機

所謂悠閒致勝就是凡事想閒閒的就能使事情平順，使事情完成和成功。也可說是既能偷懶，又能把事情做成，這豈不是人人都想要得到的好運？這可能嗎？這當然可能！只要知道利用時間的特性，就能創造出悠閒致勝的良機。以前孔明草船借箭，就是知道利用『天時』、『地利』的結果。今天我們更要知道利用天時、地利，來幫助我們在勞碌、起伏的一生中空中一些時間來悠閒一下，同時還要把要做的工作完成。這才是聰明、有福氣，會建造旺運、利用旺運的祥和人生態度。

可以達到悠閒致勝好時機的時間中，一定是會有天府、天相、天同，這些福星、庫星，穩定緩慢星曜的運程。而可以悠閒致勝的重要關鍵，還必需是會精良的運用智慧和能力才能達成的。管理人類聰明、智慧的是官祿宮（事業宮）。所以可以悠閒致勝的良好時機就必需是流運的主運是溫和、穩定的星，而流運的財、官二位也在順利祥和的吉位上才行。如此一來，這個好命的時刻就立見分曉了。

不過在這裡要事先提一提的是：太陽運和太陰運雖然都有居旺的運程，運程也很好。但是這兩個運程都有勞碌、操勞的特徵，這是日月如梭、天行健，必須自強不息的特徵使然，所以不算是可以悠閒致勝的好時間。

悠閒致勝的好流運時機

紫府運

在紫府的流運時間裡，因為賺錢很容易，流運財帛宮是武曲，財帛宮的武曲正走『武貪格』，是偏財運格，因此賺錢容易。而流運官祿宮是廉相、智力不很高，但會平安享福，會使自己很悠閒來享受福氣，所以是個悠閒致勝的好時機。

紫相運

在紫相運的流運裡，賺錢也很容易而且財源茂盛，因為流運財帛宮是武府。流運官祿宮是廉貞居廟，表示暗地裡會運用智慧、有策劃能力、做事得到方法，因此可使自己悠閒享福而致勝。

廉相運

在廉相運的流運中，財運非常好，流運財帛宮是紫府。流運官祿宮是武曲。這個運程主要的智慧在錢財方面。其實在走廉相運時，一般的智慧都不高，而且平和、沒有脾氣。人在此運中，本身就處在一個財多富裕的環境中，再加上自已老是慢半拍的行動和思想，因此是個實實在在悠閒致勝的好運時機。

武相運

在武相運的流運中，在賺錢的智慧上雖然比不上前面的運程，但也算是富足平順的財運了。它的流運財帛宮是廉府。流運官祿宮是紫微星。表示智慧還是一流的高深。而武相運本身就是一個很知道享福，很會運用錢財在生活方面的運程，當然人在走此運程時就更懂得悠閒之道了。所以是個悠閒致勝的好運時間。

居廟的天同運

這個天同運，是指居於巳、亥宮的天同運。雖然在此流運中賺錢是並不多的，但主管智慧的流運官祿宮中是機巨，智商一流。居廟的天同運本來就慵懶，再加上智慧不低、偷懶就很精明了。所以是個悠閒致勝的好運時間。

居子宮的同陰運

在此運中，人會重感情，愛享福。雖然賺錢的能力不算太好，但流運官祿宮是機梁，表示一般做事的智慧不高，但是對自己有利的、能享福的事情他是非常精明能把握的。所以也算是個悠閒致勝的好時間。

居丑宮的天梁運

在此運中，天梁是個穩重、識大體的星曜運程。流運財帛宮是太陰居旺，會保守的愛儲蓄。而流運官祿宮中是太陽居旺，表示有聰明爽朗的智慧，這是『日月皆旺』的格局，所以這個天梁運是絕對擁有智慧來享受悠閒，並且足以應付任何事務而致勝的。

上述這些可以悠閒致勝的好運時間，很顯然的都是屬於穩定的、較緩慢的星曜所具有的運程。所以想要享福、悠閒，就必然不會是辛苦勞碌的時間。也不會是財運不繼、人緣不佳、沒有機會、不好運的時間。是故，能悠閒致勝的好運時間，實際上就是在人生中平穩發展的旺運時間罷了。

7. 說服別人的好運時機

在很多時候我們必須說服別人，例如自己有很好的構想，想實現的時候。或是想和別人整合不同意見的時候，當然我們十分渴望別人會遵照自己的意思行事。但是每個人有不同的思路和思想結構，觀念不同，立場不同，利益衝突點不同，出發點也不同，所以在說服別人時並不見得會那麼順利。

可是在說服別人時，也會有許多特定的時間是天時、地利、人和的時間，這些時間就是比較能成功的說服別人了。

通常我們在說服別人時，會看一下當時的情況，例如說問題是否是很棘手的？問題是否很尖銳、火爆？你是想用智取的？還是想用辯論方式的？你是想用強勢壓力的說服方式？還是想用溫和、溫情式訴求的方式來說服對方？或是想用討好型的方式來攏絡說服對方？或是用利益交換型的說服方式？你必須先決定你想說服對方的基本態度，才能決定採取任何可利用的時間。

很多人都知道巨門居旺是一個可以運用口才說服別人的時間運程。但是巨門運裡帶有是非、爭鬥的因素，是比較不平和的時運，而且要花很多口水，很勞碌，很煩惱的，過程也比較久的方式才能得到最後勝利。同樣的，在巨門居旺化祿的時間裡，會用圓滑的言語和態度來面對事情。在巨門居旺化權的時間裡，具有主控當時狀況的能力，說話有煽動性，強勢讓人接受的能力，使人容易信服。但是這都須要花費一些時間和精力來做說服的工作，是無法讓別人自然臣服，又不反抗、不反對的。

有沒有讓人天生服氣，根本不需浪費很多口舌，便能讓人信服而說服別人的時間？當然有！而且還不少呢！所以想說服別人，巨門居旺便不只是唯一可用的時間了，因為它會產生很多麻煩、糾葛不清，反倒不乾脆，時間過程又長，讓人煩不勝煩！

下面就是可以應付各種場面時機的、最能說服人的流運時間

（此流運時間以流日、流時為主要時間，倘若流月也逢此時會更強，若流年亦逢此時會超強）

紫府運

這是第一等應付口舌是非，想要說服別人的首要時間。這個時間適合應付氣勢洶洶、暴動混亂的場面。人在走紫府運時，會氣度莊重威嚴，又帶有溫和、善處理事物、精明幹練的氣度，會讓狂妄之輩、兇悍之徒望而生畏。

有紫微星在的命格或運程，都有帝王般威嚴的氣質，為人體面，受人敬重。

有天府星的命格和運程，是保守、端正、規規矩矩、一板一眼的，十分會做事，會把事情條理分明的規劃清楚。所以在紫府這樣一個既威嚴又公道，又會以溫和態度清晰明理的處理問題的情形下，自然會平息激烈的紛爭。而且人在紫府運的時間內，態度雍容華貴、穩重嫻雅、好整以暇的，可以說服別人了。

紫相運

在紫相的時間中，你也是擁有氣派，稍有威嚴的態度，因為天相星是一個公道星，雞婆星。所以人在走紫相運時，愛去管閒事幫別人忙，處理一些零亂瑣碎的事。這時候你自以為人緣很好，想要插手調解紛爭，或想說服別人。但倘若對方像個兇神惡煞一般的人物，你便不想管了，因為你不想因為管這件事而有損自己的顏面，或被對方打倒，所以這個運程只能處理一般的，小的說服事件，你用的是磨功。

紫貪運

在紫貪運的時間中，你依然是態度莊重、有人緣，運氣不錯的。你很喜歡和別人拉關係，試圖說服對方。但是若碰到六親不認、態度兇惡之徒，或是剛硬不講情面的人，你便沒有辦法繼續說下去了，這時候你會找一個機會撤退、開溜。在紫貪運中人很圓滑，而且不喜歡碰到火爆的場面，如果碰到了就很會閃躲。他是第一個不吃眼前虧的人。所以紫貪運只適合拉關係、打混仗時，事情不太重要和嚴重的，可以用友情的姿態說服別人。

紫破運

在紫破運的時間中，你是看起來很氣派，態度大膽又直接，又很豪放爽快，頗有俠客之風。此時你是天不怕、地不怕的，很適合和粗曠、俚俗的、沒有禮儀、沒有文化的，兇悍的人交手，進行協談說服工作。此時這些屬於較低層次文化背景的人，會非常欣賞你的豪邁爽快，而被你說服，不過呢！和這些人打交道，你當然是少不了破財的了。

紫微運

人在走紫微運時，氣度莊重嫻雅、高尚，以王者自居，做人固執，以為凡事別人早該聽自己的了，所以是『自以為是』的時間。此時間中只是自己很祥和、尊貴，使人敬重，但並不適合說服別人，因為別人只是表面唯唯諾諾，並不見得服氣。而且人在走紫微運時有霸道、自己愛掌控決定權，並不與人商量，所以會讓人不服，更無法說服他人。在紫微運中說服人，只是得到表面的尊重，會暫時平息事端。

天機居廟運

居廟位的天機運在子宮或午宮會出現。流時是在子時和午時，人在這個運程中會機智聰明，善於詭辯應付人。因為流運遷移宮中是巨門星，因此是個是非糾纏的時間，也善於用胡攪蠻纏的功夫去說服別人。不過時間可能長一點，你也會沒有耐心，倘若此時有耐心堅持的便會贏，否則就會輸。

居旺的太陽運

居旺的太陽運會在辰、巳、午宮出現，也就是出現在流時中的辰時、巳時、午時。

辰宮、辰時的太陽運，會因當時周圍環境很平和、有情意、講究人情，而你又具有寬宏的雅量，坦蕩的胸懷，一看到對方柔情的訴求，自己就先釋懷寬容了。並且此時你具有太陽般的光和熱，以及正義感，太陽的震懾力會影響對方屈服，倘若此宮位有太陽化權，肯定有威嚴來使對方屈服的。

巳宮、巳時的太陽運，因流運遷移宮中是巨門居旺，會處在一個喜歡吵吵鬧鬧，是非口舌很旺盛的環境之中，周圍的人爭鬥得很兇。你必須有太陽化權的運程，才能降服這些妖魔鬼怪。而且此時流運遷移宮中有巨門化祿，表示環境中充滿伶牙俐齒的人，你一定要有太陽化權，才能掌握整個的事件始末，和這些環境中出現的是非小人，否則他們會更無法控制，而使問題更嚴重。

午宮、午時的太陽運，因流運遷移宮中是天梁居廟，環境中多年紀較長，能幫助人、體諒人的貴人型人物。他們也是喜好談天，東南西北聊個不停的人。倘若你能用耐心、體諒的心情陪他們多說幾句話，便能夠順利的說服他們。而且能夠得到對方的尊重與信賴。

武曲運

這個運程十分剛直、剛硬、講求正義、不肯妥協。實際上它只適合在國際審判，或國際公約中進行剛硬的說服行動。一般人是不適合運用的。除非是對方已經承諾錯誤，或是有事相求，並給予利益回報，你已經佔於優勢地位，要接收成果了才能用。

武府運

這個運程也是剛直、計較、計算十分精密，不肯有絲毫讓步的運程，適合在法庭上辯論或對帳之用。雖然它有公信力，但對宵小、邪佞之輩，它是無法說服的，因為這些人搞怪的本領更強，更能走旁門左道。或者他也用兇暴的態度，直接和你衝突。因此剛直的態度在說服上是不利的，它只有對正人君子有利。對依法辦事有利。

武相運

這個運程也是具有剛直、熱心，肯任勞任怨的，可以很有耐心的來解釋，從事說服工作的時間。但是人在武相運中對於兇暴不講理的人，便懶得理他，因此會半途而廢，這是一個缺點。

居廟的陽梁運

此運是在卯宮，流時是在卯時。這個陽梁運會讓人口才好，心地寬大，具有說服力，而且是不論黑道、白道都會臣服。這是因為太陽具有震懾、消熔邪惡的力量。天梁具有超級智慧與辯才。而太陽、天梁都具有做老大愛照顧人的領導才能。所以居廟的陽梁運是不畏麻煩、不怕是非、心地坦蕩，具有說服力的超級時間。它和紫府的時間一樣、同樣是不怕惡形惡狀的人，也不畏懼和邪惡的小人打交道的最具有說服人的良好時間。

居廟的天同運

居廟的天同運是在巳宮、亥宮的運程。流時是在巳時和亥時。在天同運裡，你會脾氣溫和、怯懦，不喜歡和粗暴的人打交道。因此在這個運程中你只會說些冠冕堂皇的道理，而無法處理具有爭議性的問題，說服人的力道是不足的。若有天同化權在居廟的天同運中，便是具有一種天然使人臣服的主控力量。這主要是因為強勢的親和力和權星所掌的權令使人受到震懾、吸引而被說服。

居旺的同陰運

這個居旺的同陰運是在子宮的運程。流時是子時，當流日逢此運程時，你會溫和，又富有感情。希望對方重視情誼、情份而接受你的說服，但是要看事情的種類區別。若是談感情方面問題的說服力，便是好的時間。若是在競爭方面，或是有利害關係方面便不吉。而且對方若是性格剛直、粗暴，你也是無法說服、降服他的。

居旺的太陰運

居旺的太陰運有三種，分別是在酉宮、戌宮、亥宮的太陰運，不論是哪一種太陰運，實際上都是以情份、情緣做訴求基礎來說服別人的時運，所以太陰運其實就是重情不重理的運程。只適用於在感情問題上說服人，在其他方面就顯得軟弱無用了。

天府運

天府運是態度穩重、祥和、做事規規矩矩、講話中肯、實在，對數學、計算、處理事物上很拿手的運程，因此在處理財務問題上，適合用來說服別人。而且你態度很溫和、誠懇，用實際的數學統計、條理分明的分析，來幫助你說服別人。更適合用來尋找、說服合夥人來投資。或是用來釐清財務混亂的問題，效果是非常好的。

當然最好說服人的天府運是在巳宮、亥宮的天府運了，因為流運遷移宮中是紫微、七殺，表示周圍環境中是些地位高尚、態度沈穩、氣勢兇悍的人，這些人雖然來勢洶洶，但是會顧及身份和地位，不會講粗話、動粗，是可以講一些道理的。所以在巳宮、亥宮的天府運中說服人就比較容易了。而在丑、未、卯、酉宮的天府運，所遇到的人就較兇悍、不講理。說服起來比較花時間和精力了。

居旺的天梁運

在旺位以上的天梁運，有在子宮、午宮居廟的天梁運。還有在丑宮、未宮居旺的天梁運。這些運程，都是具有智謀、辯才和說服別人有先天優勢的時間。而且天梁運就是貴人運，有蔭庇天佑的良好時間。人在這個時間內有善心，願意尊老扶幼、扶助弱小，願意做老大照顧別人，因此是個有擔當、有魄力的良好運程。別人見識到你如此的氣魄，自然會有信服的意念，願意和你溝通，並接受你的意見，而達到說服人的目的了。

武貪運

武貪運是一個自己氣勢雄偉的運程，個性剛直、激進，會用強勢的力量使對方臣服。但這個運程適合用於軍事談判，生意上的談判說服，在彼此有共同的利益下，會圓滿達成說服。其他的事情上是不適用的。

機巨運

機巨運是在卯宮和酉宮的流運。流時在卯時和酉時。在這個運程中，你會具有良好的口才、知識、和具有研究心，會掀出以前的歷史事跡來做是非爭鬥，口才很好，會佔上風。最後也會贏。但是中間所花費的口舌和過程起伏很大，爭吵很兇，時間又很長久，所以必須有耐力才行。而且往往在這個時間的最後一秒才成功，此時已進入紫相的運程了。

上述這些都是可以運用來說服別人的流運時間，性質各有不同，用法也不一樣，所以居旺的巨門運並不是單一可供說服人的唯一時間。

8. 考試必勝的好運時機

每逢考季，總有許多的家庭和學子在忐忑不安著。許多人求神問卜，來尋求考運。到廟裡拜拜，尋求心靈的安定，倒不失為一件好事，若認真的去求神幫助，則不見得一定能達成所願。考試仍是要講求自身的努力及當年、當月的運氣好壞的。

當年，當月的運氣好，試卷上的題目，都是自己所熟讀過的，考試成績自然就好了。當年、當月的運氣差，考卷上的題目，甚至會出現冷門的題目，讓你傻眼。我們可以從以前有幾屆大學聯考、高中聯考出現倍受爭議的試題為例，就可知道這類考運的吉凶是一點也不假的了。

看考運在紫微斗數中，也是有一定準確度的。

如何看出自己的考運呢？

看考運主要是看自己當年或當月的流年命宮所坐的是何星宿。是吉星多：如紫微、天府、天相、武曲、天梁、貪狼、太陰、天機等星居旺位，當然考試順利。凶星多而居陷：如七殺、破軍、擎羊、陀羅、火星、鈴星等，考試不順。尤其是當年、當月有化權星、化祿星進入的流年、流月最吉，考試一定勝利。有化忌星進入的流年、流月有考試的麻煩，要小心。

尤其要注意的是左輔、右弼兩顆星。若此兩星出現在流年、流月命宮時，卻不是好兆頭了，要小心重考的情況會發生。當然這個先決條件，是你本身的努力一定要達到標準才可。沒有努力或努力不夠，妄想收獲，也只算是癡人說夢了。

下面提供的就是流年運（包括流年、流月、流日，以流月、流日為最重要），與考試成功率的對照表。這個適用於任何考試的對照表，供給你參考用。倘若你參照發現自己當年的考運奇佳，也不能大意，否則『大意失荊州』也就不滑算了。倘若你從表上發現自己當年的考運不好，加緊努力，拼一拼最後的關卡，創造一個奇蹟！希望你能打敗宿命論的觀點，讓紫微斗數的精算概率重寫！

流運的考試成功率對照表

紫微——一切順利、考試成績好。

紫微加昌曲、左右——考試成績好。

紫微加擎羊、火鈴、劫空——考試略有磨難，努力當可以克服，努力不足會落空。

紫府同宮——考試順利、成績好，一定會考中。

紫府加昌曲、左右——考試順利、成績好，一定會考中。

紫府加陀羅、火鈴、劫空——考試略有磨難，努力打拼可克服，努力不足會落空。

紫貪同宮——考試成績不錯。

紫貪加昌曲、左右——考試成績好，會考中。

紫貪加擎羊、火鈴、劫空——考試有磨難。加強努力可克服。小心血光之災。

紫破同宮——積極努力打拼，成績好，但花費很大。

紫破加昌曲、左右——積極努力打拼，成績好。

紫破加羊陀、火鈴、劫空——雖積極努力，但怕身體上受傷或有其他的意外影響考試。

紫相同宮——一切順利，成績中等。

紫相加昌曲、左右——有昌曲，一切順利，成績好，會考中。有左右同宮，不一定會重考。

紫相加羊陀、火鈴、劫空——考試有磨難，努力可克服。但若因為想法不周全會落空。

紫殺同宮——努力積極成績才會好。成績中等。考試機率百分之五十。

紫殺加昌曲、左右——有昌曲時，努力積極，成績平平，在巳宮可考上。在亥宮不一定考得上。有左右時會重考。

紫殺加陀羅、火鈴、劫空——必須積極努力，但要小心意外事件、身體受傷，影響考試，並且競爭激烈，狀況不佳。

天機星居廟——考試成績還不錯，但有變化是非多。有化權、化祿，一定會考上。

天機星居陷——考試運不佳，考不上。

天機加昌曲、左右——天機居旺時，有昌曲同宮，會通過考試。天機居陷時，考不上。有左右同宮會重考。

天機加羊陀、火鈴、劫空——考試運不佳，考不上。

機陰同宮——在寅宮考試運不錯。在申宮不佳，考不上。

機陰加昌曲、左右——在寅宮考試成績好。在申宮不佳。有左右時會重考。

機陰加陀羅、火鈴、劫空——考試有磨難，要小心。在寅宮辛苦努力可考上。在申宮則否。

機巨同宮——考試要小心，有是非、變化，但最後會考上，成績不錯。

機巨加昌曲、左右——小心考試，會有好成績。在酉宮成績優，會考中。有左右時會重考。

機巨加擎羊、火鈴、劫空——有意外的麻煩，造成考試不順，可能考不上。

機梁同宮——有小聰明及才智，但不一定考得上。

機梁加昌曲、左右——有昌曲時，考試成績還不錯，會考上。有左右時會重考。

機梁加羊陀、火鈴、劫空——考試會有磨難，低空飛過，考不上。

太陽星居旺——考試順利成績好，會考上。有太陽化祿、太陽化權成績更好。

太陽星居陷——考試不順利，要小心。加緊努力可考上。有太陽化祿、太陽化權，可考上。

太陽加昌曲、左右——有昌曲時考試運佳，會考上。有左右時，可能會重考。

太陽加羊陀、火鈴、劫空——考試有磨難要小心。太陽居旺時會考上。太陽居陷時考不上。

太陽與太陰同宮(日月同宮)——在未宮考試運佳。在丑宮為50%的考運。

日月同宮加昌曲、左右——有昌曲時考試運佳，成績平平，但可考上。有左右時，會重考。

日月同宮加羊陀、火鈴、劫空——考試運磨難多，必須極辛苦才會考上。

陽梁同宮——考試運極佳、成績好。在卯宮肯定會考上，有高分。在酉宮要有『陽梁昌祿』格才會考上。

陽梁加昌曲、左右——有昌曲時考試運極佳、成績好，可考上，有高分。有左右時會重考。

陽梁加擎羊、火鈴、劫空——考試有磨難，但考試運仍然會有，小心血光、是非。

陽巨同宮——成績平平，在寅宮努力有希望。在申宮考不上。有是非口舌。

陽巨加昌曲、左右——有昌曲時考試運較好。有左右時會重考。

陽巨加陀羅、火鈴、劫空——考試運差，且有血光、是非、禍端。

武曲居廟——考試運佳。有暴發運，考試成績優。

武曲加昌曲、左右——有昌曲時考運好，會考中。有左右時可能會重考。

武府同宮——考試運佳，會考上。

武府加昌曲、左右——有昌曲時考試運佳、成績好，會考上。有左右時，可能會重考。

武府加羊陀、火鈴、劫空——考試有磨難，只有50%的考運。

武貪同宮——考試運佳。

武貪加昌曲、左右——有昌曲時在丑宮，考試運不錯。有左右時會重考。

武貪加羊陀、火鈴、劫空——考試有磨難。有羊陀、火鈴仍可考上。有劫空考不上。

武相同宮——考試平順，成績普通，但考得上。

武相加昌曲、左右——有昌曲時考試平順，成績中上。有左右時會重考。

武相加陀羅、火鈴、劫空——考試成績為中下。會不想考試或考不上。

武殺同宮——考試辛苦、成績低，可能考不上。

武殺加昌曲、左右——有昌曲時考試也很辛苦，在酉宮考運很危險。在卯宮考不上。有左右時會重考。

武殺加擎羊、火鈴、劫空——考試不順、成績不好，考不上。

武破同宮——考試成績欠佳，考不上。

武破加昌曲、左右——有昌曲時在巳宮，考試辛苦，成績中、下等。在亥宮考運差，成績很差，考不上。

武破加陀羅、火鈴、劫空——考試欠佳，考不上。

天府——一切順利，考試中等。在丑、未、巳、亥宮，辛苦有代價。在卯、酉宮不一定。

廉府同宮——考試成績中等。加緊努力可成功考上。

廉府加昌曲、左右——有昌曲時考試成績中等以上，可考上。有左右時會重考。

廉府加羊陀、火鈴、劫空——考試成績欠佳。十分危險，可能考不上。

太陰居旺——考試成績不錯，會考上。

太陰居旺加昌曲、左右——有昌曲同宮時會考上。有左右同宮時可能會重考。

太陰居旺加羊陀、火鈴、劫空——考試有磨難，有羊陀、火鈴有50%希望。有劫空考不上。

太陰居陷加昌曲、左右——有昌曲同宮時，尚有希望，必須努力才行。有左右同宮時可能會重考。

太陰居陷——考試成績欠佳，考不上。

太陰居陷加羊陀、火鈴、劫空——考不上。

同陰同宮——在子宮時，考試成績中等以上，會考上。在午宮，考不上。

同陰加昌曲、左右——在子宮有昌曲，考試成績很好，考得上。在午宮考不上。有左右同宮會有重考機會。

同陰加擎羊、火鈴、劫空——考試有磨難。在子宮時，成績仍在中等左右，辛苦可考上。在午宮考不上。

天同居廟——考試成績不錯，考得上。

天同居廟加昌曲、左右——有昌曲時，在巳宮成績不錯有高分。在亥宮成績平平。有左右同宮會重考。

天同居廟加陀羅、火鈴、劫空——因懶惰、愚笨考不上。

同巨同宮——考試成績不佳，考不上。

同巨加昌曲、左右——考試成績不理想，會重考。

同巨加羊陀、火鈴、劫空——考試運很差，考不上。

同梁同宮——在寅宮，考試成績平平，有希望。在申宮考不上。

同梁加昌曲、左右——考試成績平平，危險，但有希望。有左右要重考。

同梁加羅陀、火鈴、劫空——考試有磨難，考不上，要再努力。

天梁居旺——考試成績特佳。

天梁居陷——考試成績差。有『陽梁昌祿格』會考上。沒有的人考不上。

天梁與昌曲、左右——有昌曲同宮考得上。有左右同宮會重考。

天梁與羊陀、火鈴、劫空——考試有磨難，不順。形成『陽梁昌祿』格的人考得上。

天相居旺——考試成績好，考得上，要努力。

天相居陷——考試成績中下，考不上。

天相加昌曲、左右——天相居旺加昌曲，考試成績好。有左右同宮可能會重考。

天相加羊陀、火鈴、劫空——考試有磨難，成績中等。考試運不佳。有劫空考不上。而天相和羊陀、火鈴皆在旺位時，多努力可考上。

廉相同宮——考試成績普通，用功可考上。

廉相加昌曲、左右——與昌曲同宮在子宮，考試成績中等，有機會。在午宮考不上。有左右會重考。

廉相加擎羊、火鈴、劫空——考試成績中下，考不上。

廉貞居廟——考試成績中上，考得上。

廉貞加昌曲、左右——有昌曲在申宮，考試成績中上，可考上。在寅宮危險。有左右同宮會重考。

廉貞加陀羅、火鈴、劫空——考試成績差。且有血光重傷的災禍，考不上。

廉貪同宮——考試成績極差，考不上。

廉貪加昌曲、左右——考試成績差，考不上。

廉貪加陀羅、火鈴、劫空——考試成績差，考不上。

廉殺同宮——考試辛苦，努力可以居中等，情況危險。

廉殺加昌曲、左右——考試辛苦，在丑宮努力可有好成績。有左右會重考。

廉殺加羊陀、火鈴、劫空——考試辛苦，成績不好。

廉破同宮——考試辛苦，成績不理想，考不上。

廉破加昌曲、左右——考試辛苦，考不上，有左右會重考。

廉破加擎羊、火鈴、劫空——考試辛苦，成績不好，考不上。

貪狼居旺——考試成績好，考得上。

貪狼加昌曲、左右——考試成績尚可。有左右會重考。

貪狼加羊陀、火鈴、劫空——考試成績欠佳，有磨難，須努力。

巨門居旺——考試成績不錯，小心是非口舌。

巨門居陷——考試成績差，考不上。

巨門居旺加昌曲、左右——有昌曲在子宮、巳宮，考試成績不錯。在午宮、亥宮很差。有左右會重考。

巨門居旺加羊陀、火鈴、劫空——考試成績差，考不上。

七殺居旺——考試辛苦，努力會有好成績。

七殺加昌曲、左右——有昌曲同宮在申、子、辰宮，考試辛苦，努力會有較好成績。有左右會考不上。

七殺加羊陀、火鈴、劫空——考試辛苦，成績差，考不上。

破軍居旺——考試辛苦成績中等，有50%的機會考上，有破軍化權會考上。

破軍加昌曲、左右——須努力才有機會。有左右會重考。

破軍加羊陀、火鈴、劫空——考試成績差，且有血光、災禍，考不上。

祿存——考試成績中等。在『陽梁昌祿』格三方四合上會考上，其他宮位不一定。

祿存加昌曲、左右——有昌曲同宮會考上，考試成績好。有左右會重考。

祿存加火鈴、劫空——考試成績差，考不上。

文昌、文曲單星居旺——考試成績好，考得上。

文昌、文曲加左右——在旺位，成績不錯，但仍會有重考的打算。

文昌、文曲加羊陀、火鈴、劫空——考試成績中下，有磨難，考不好。

火星、鈴星——居旺時有磨難，但仍可考上。居陷時考不上，考試成績差。

擎羊、陀羅——居旺時有磨難，但仍可考上。居陷時考不上，考試成績差。

化祿、化權、化科——跟隨主星是吉星居旺時，考試成績好，可考上。主星居陷時，必需在『陽梁昌祿』格上，才會考上。

化忌——不論跟隨主星之旺弱，皆考試成績差，有是非災禍，考不上。

左輔、右弼——會多次重考。

前面雖然列出非常清楚的考試率條例，這些考試率的預測都是指考試當月或當日中的情形的。很多朋友在早幾個月之前便憂心忡忡的來找我，希望我為他們預測考試結果。在下面兩個案例中，就是我為成年朋友再次成功的成為碩士班的畢業生和一位參加通過中醫特考考試的朋友諮詢鼓勵，創造致勝考運的結果。

例《一》

有一位姓顏的朋友，他是我的親戚，早在卯年年初二月份時，感覺運氣很不順來找我幫忙看流運。當時他感覺到錢財不順，非常辛苦。結果我們發現他在農曆二月份走的是破軍、陀羅運。破軍雖然是一顆會打拚奮鬥的星，但是很多好事、好運都被陀羅給拉扯延遲了下來。所以辛苦努力，卻得不到什麼好結果。於是我告訴他：這個二月份雖然是辛苦，凡事都被拖累，但這只是他個人的心裡苦，心裡覺得累，實際上在他周圍外面的環境中有紫微化權和天相，是非常平和，自已又能體面的主導一些事情的，而且掌握實權，具有地位，非常風光。他答說：『也是！外面看來他是大權在握，地位高尚，但只有自己知道這個月花錢很多，入不敷出，進財又進不了，十分辛苦。』

他勸他說：『沒有關係，只要熬到下個月就好了！反正沒幾天了嘛！』顏先生三月走天同、祿存的運程，肯定是平和、享福又有餘錢可存的狀況。當然事後在三月時，他也確實的收到一筆獎金，不但平復了先前的欠債，也確實富裕了，有了積蓄。

他告訴我，他正在唸在職進修的碩士班，一面工作、一面讀書非常辛苦，不知道能不能唸完？也不知道能不能通過碩士班的考試？我希望他能確定一下考試日期再來演算。

四月時顏先生又逢金錢上的困擾，再次打電話給我詢問何時會有錢？四月時他走武曲化忌、天府、擎羊運。擎羊加化忌當然不順，而且有傷災，必須小心。武曲化忌就是錢的是非災禍。該月他發生小車禍、賠了錢，也修了自己的車，不過還好沒有大礙。我再告訴他：『下個月就有錢了，會有貴人出現幫忙財務問題。』果然在五月初，有同事幫忙買的股票賺了錢。

在七月時，顏先生又來找我了，這次是為了公司中的爭鬥問題。公司中的爭鬥一向很兇，很殘忍。顏先生已經四十幾歲，爬上主管級的位置，倘若被鬥垮，將飯碗不保。而且中年轉業非常困難，目前正是經濟不景氣的時候，想要另謀出路也是不可能的。他告訴我想把碩士班唸完，也是為了擁有較高的學歷，好穩住前程，但是目前公司裡面有些人用此名目在攻擊他，不希望他唸完碩士班。

我瞭解了他的處境，勸告他說：『一定要莊敬自強，不要受到別人的影響。既然知道唸書的重要性，就要堅持下去，再苦都要唸完，才會有最後的勝利。』

顏先生七月份是走天機、巨門運。這個機巨運是居廟位的，表示運氣很旺，會在事情上有變化、是非很多，也會有很多爭吵的局面，但是最後變化是好的，巨門居廟，爭執也會贏的。於是我告訴他：『不用怕，機巨運裡，是非口舌是一定有的，但最後的結果肯定是好的，最後你會吵贏的。機巨運適合研究，適合讀書，一定要堅持下去。下個月，農曆八月時，爭鬥就會停止，你有紫微化權便能主控全局，到時候一切就會否極泰來了。』

果然進入八月時，公司中的爭鬥一切結束了，主事者因為自己的私事煩亂，已無心再戀戰而結束在公司中的爭鬥。八月份顏先生參加學校的活動前往大陸考察，過得很順心。

農曆九月時，顏先生很緊張的來找我，碩士班的考試近了，到底有沒有機會通過考試，拿到碩士文憑呢？

顏先生的命盤

子女宮 天梁化祿 天馬 卯⑨ 乙巳	夫妻宮 七殺 卯⑩ 丙午	兄弟宮 文昌 文曲 卯⑪ 丁未	命　宮 廉貞 卯⑫ 戊申
財帛宮 紫微化權 天相 卯⑧ 甲辰	壬辰 辛亥 癸巳 乙卯		父母宮 卯① 己酉
疾厄宮 天機 巨門 卯⑦ 癸卯	土五局		福德宮 破軍 陀羅 卯② 庚戌
遷移宮 貪狼 〈身宮〉 卯⑥ 壬寅	僕役宮 太陽 太陰 左輔化科 右弼 卯⑤ 癸丑	官祿宮 武曲化忌 天府 擎羊 卯④ 壬子	田宅宮 天同 祿存 卯③ 辛亥

我們看顏先生九月份的流運在走天梁化祿、天馬，這個天梁運是居陷位的，他的『陽梁昌祿』格本來應是巳、酉、丑這一組宮位的格局。但酉宮是空宮，還好文昌在丑宮的對宮未宮中，因此也可形成『陽梁昌祿』格。九月的天梁化祿運是居陷的，但是對考試無妨礙。因為正坐在『陽梁昌祿』的格局上。因此在九月份考試的話，是可以考中的。十月份走七殺運，對宮又有擎羊、化忌，代表當時的狀況不佳，競爭環境不好，要想贏，必須用很多的體力、勞力，成果仍是不保險的。十一月走文昌、文曲運，這個昌曲運，文昌雖居平，但是是在『陽梁昌祿』格中，況且文曲在旺位，所以我斷定這個昌曲運是好的，是可以考中的。

在農曆十一月，我接到顏先生的電話告知，電腦網站中已放榜，他已確定榜上有名了。他非常興奮的謝謝我，感謝將近一年來的鼓勵，並且第一個打電話向我報佳音。當然我也很欣慰用紫微命理幫助他達成了考試的旺運。

例《二》

在卯年農曆七月份的時候，有一位南部來的林先生來找我幫他看看參加中醫師檢定考試的考運如何？

這位先生一開始便言明他從我的書上已學過紫微斗數了，所以他覺得自已在命理方面已有了程度，但是對於自己的考運還是沒把握，希望和我共同參詳一番。

首先我們來看看這位先生是七殺、祿存、右弼坐命的人，坐命申宮，因此是『七殺朝斗』格的人。從命格上可以看出此人具有堅強的意志力，而且凡事靠自己，是喜歡自助、自學的人，生活環境很好，並且會有女性貴人的暗助。果然他家是做中藥材生意的，有一張中醫師執照是最好，也必需的事了。

他有三個問題：一、年底有一次中醫師檢定考試，會不會考中？二、明年二月還有一次中醫師檢定考試會不會中？三、他有偏財運，但是在何時，以前為什麼沒有暴發？

首先我們來看他在卯年底的這次考試運。

卯年時，他走太陰化忌、文昌運。這個流運看起來很不好，賺不到什麼錢，財少，錢財上又有是非麻煩，是一個表面上看起來清高，又慳吝清寒的運程，而且和女性不和。流運遷移宮是天同化科、擎羊、火星。周圍的環境是表面溫和、講求氣質，但私底下是陰沈、火暴，隨時會發作的狀況。果然！他告訴我，感覺在家中氣氛不好，所以和妻子協議，獨自來台北賃屋居住，獨自唸書，準備考試。我說：『這樣也好！可以減少磨擦，而把精神放在讀

林先生的命盤

子女宮 巨門 鈴星 辛巳	夫妻宮 廉貞 天相 左輔 地劫 壬午	兄弟宮 天梁 陀羅 卯⑪ 癸未	命宮 七殺 祿存 右弼 甲申
財帛宮 貪狼 庚辰	陽男 水二局		父母宮 天同化科 擎羊 火星 乙酉
疾厄宮 太陰化忌 文昌 天姚 己卯			福德宮 武曲化權 辰① 丙戌
遷移宮 紫微 天府 天馬 戊寅	僕役宮 天機 台輔 天魁 己丑	官祿宮 破軍 <身宮> 戊子	田宅宮 太陽化祿 文曲 天刑 丁亥

書上。』

這位先生他很懷疑，今年他已四十歲了，記憶力減退，努力有限，是否參加考試這件事是個妄想？

我跟他說：『讀書這件事是永遠也不算晚的，只要你想讀，八十歲時開始，也仍然會有讀書的樂趣。況且你是七殺坐命人，有先天的打拚奮鬥的力量。意志力很重要！倘若命格軟弱的人，我就不敢說了。可是七殺坐命的人，又是『七殺朝斗』格的人，我敢肯定你有這個意志力會堅定走完這段路。』

這位林先生的『陽梁昌祿』格在卯、未、亥宮，呈三合鼎立的趨吉方位。雖然在這個『陽梁昌祿』格中還有太陰化忌和陀羅，一般祿忌相逢以不吉論，但是唯獨在考試運中。太陰化忌最多是感覺遲鈍，和女性不和，考試成績差。（小心和女性試務人員不和有是非口角）。既然『陽梁昌祿』格形成，就仍然能考得中。成績不會太好。這個有太陰化忌的『陽梁昌祿』格是不會因考試或升官運帶來太多財利的，並且在升職、升官運上是不利的。所幸這位先生不是做公務員的人，因此只要有考試運就好了。

卯年底國曆十二月就是農曆的十一月，有此人第一次的中醫檢定考試。這位林先生十一月正走未宮的天梁、陀羅運，這正是『陽梁昌祿』格上的一環，因此算得上有考運。此月有貴人相助。流年運程也在『陽梁昌祿』格上，所以考上的機會很大，但是成績不會太好，能上榜敬陪末座就很好了。

次年是辰年，辰年的國曆二月，就是農曆一月的時候，有第二次機會的檢定考試，林先生辰年時，走『武貪運』格，有暴發運，並且有武曲化權，是很強的發財運。這個暴發運很適合考試。並且林先生辰年正月的流月正走戌宮的武曲化權運。所以第二次考試更肯定會考中了，而且成績會很好。『武貪格』暴發運格是極旺的旺運，會讓所有夢想實現，當然對考試來說更有巨大的旺運力量了。

在我此書截稿的時候，這位林先生已通知我，他在卯年年底已通過檢定考試了。

第三個林先生要問的問題是他的偏財運在何時發生？為何以前沒發？林先生是『辰戌武貪格』的人，當然就會在辰年、戌年暴發偏財運，公元二千年就是庚辰年，也就是林先生暴發的流年，而且正月份、七月份都是暴發月，是時將會有驚人的暴發力。我在多本書上說過，『武貪格』是暴發在事業上，再得錢財的運程，沒有做事業，做生意的人，是暴發得很小的。只有做事業、軍警、有正常工作的人才會經歷較大的暴發運。

至於林先生以前沒有感覺到暴發運的問題。我肯定他已爆發過，而且是在二十二至三十一歲之間的龍年或狗年爆發過。我讓他想一想，以前有沒有發生過有大筆錢進帳的事？他堅持說沒有！最後想了半天，告訴我：他在二十八歲那年，父親過逝，母親堅持把家中多件房地產過戶到他的名下，因為是他家中學歷較高的人，堅信他能管理這些產業。可是他覺得弟妹們學歷較低，以後生活會清苦，因此不願意接受。

記得我多次提過，不論你是中獎，或做生意發大財，或是突然得到一大批遺產，這些都是暴發運的內容。不管你自己願意不願意，要還是不要，這個事實已經發生了，你無法不承認暴發運已經暴發過的事實。所以我覺得這位林先生是有點好笑而頑固的。他以為暴發運一定是自已賺的錢，才是暴發運。暴發運又稱偏財運，那只是一個機會，一個好運機會。這個好運機會是靠天時、地利、人和所產生的，並不是每個人都有，也不是自已想要就能暴發的，一定要在時間的十字標的上吻和才會發生。而且暴發運的內容沒有是非、黑白、善惡之分。有些人發了不義之財，也是暴發。黑道份子中也有人有暴發運。錢財是認不清是非、黑白的。只有人會有是非道德的觀念和親情的觀念。因此這位林先生愛護弟妹的心情是好的，但是不能否認的是他也曾經已暴發過偏財運了。

9. 結交朋友的好運時機

我在與青年朋友座談時，最常聽他們訴說的就是結交朋友的問題。青年朋友普通的交友情況，不是在學校，就是打工時遇到的朋友，或是做校際交流時，遇到他校的朋友。講起來在這些年輕人的人際關係中，還算是單純的，但是為什麼還是有那麼多的問題會困擾他們呢？

舉凡人跟人相處多了，就會有磨擦。但是也會有人是因為第一印象造成的偏見而形成的。這個問題若深入討論又變得複雜了。

在紫微斗數中的解釋：人是有運氣的。交朋友也有交朋友的運氣，運氣好的時候，你整個的人，會讓人看起來順眼、討喜。運氣不好的時候，自己照照鏡子都覺得自己很討厭。既然如此，你又能強求別人看你順眼嗎？

要想知道自己交朋友的運氣；可以在自己紫微命盤上找到兩個宮位來檢測斷定的。一個就是僕役宮，又稱朋友宮。另一個宮位是兄弟宮。這兩個宮位是相互對照的，所以既互相影響也可以互相補足缺點。

首先談僕役宮，也就是朋友宮。朋友宮中有紫微、天相、天同、天梁居旺，天府、太陰居旺，文昌、文曲、天魁、天鉞等星。你的朋友是溫和有禮的，品格高尚，是值得來往的朋友。

倘若有武曲、廉貞等星居旺的時候，你的朋友個性剛直，不太有幽默感，是不能隨便開玩笑的，但是他們重言諾、講信義，倒也不失為可交的好朋友。

倘若有七殺、破軍、巨門在朋友宮時。七殺星代表競爭，你的朋友中較多凶悍的人，而且愛和你競爭。七殺居旺時，競爭是公平的。七殺居平時，會和紫微同宮，朋友宮是紫殺的人，會擁有地位高、交情冷淡的朋友，和你競爭。在人際關係中你是寂寞的，但會因利益關係和他們來往。

有破軍星在朋友宮的人，你交朋友的尺度太寬鬆了！實在該好好檢討！你本身就對於朋友間有些是具有不良品行的人，很能加以寬容，而覺得蠻不在乎。有時還苟同他們喜愛犯規的行為。因此你也常為此而遭到魚池之殃。雖然你也常抱怨，但是事過境遷，你又忘了。下次你依然如故和這些朋友交往下去。因此你的麻煩總是循環在上演著，永遠也沒有結局。

有巨門星在朋友宮時，你的朋友中是非爭鬥很多，常常吵架，有時是和你意見不和吵架。有時是朋友的是非，後來又纏上了你。你好像永遠也逃不出是非窩似的。在這種狀況下只能奉勸你對朋友要慎加選擇，謹言慎行，避開是非人和是非窩才行。

你也可以多觀察班上的同學中或你週遭的朋友裡，有那一位是很少發生是非問題的同學、朋友。觀察他是如何待人處世的；是如何躲避是非混亂問題的；多向他學習處理問題的方法，向『善者』學習『善』，向『能者』學習『能』。如此一來，自然可減少是非麻煩了。

倘若你的朋友宮中有擎羊、陀羅、火星、鈴星、地劫、天空獨坐朋友宮時。表示你的朋友中有陰險狡詐的人，你是不得不防的，他們常常危害你，讓你不好過。這是這些星座單獨在朋友宮的狀況。

若羊陀、火鈴、劫空等星和殺星同宮時，或是和陷落的主星同宮時，則代表你的朋友宮很不好，要小心擇友才行，而且最好和朋友、同學保持距離，以防受害。

如此還有一些狀況是值得你注意的，接下來詳細述之：

『紫殺』在朋友宮時：

你的朋友長相體面，在班上或朋友中很有份量，但很會競爭，你每次和他們相處都有些力不從心之感，彼此交情冷淡。

『紫破』在朋友宮時：

你的朋友或同學長相體面，在同學或朋友中很吃得開，八面玲瓏，可是你跟他交往必須要多花費錢財，才能與之來往親密，是個讓你破財的朋友。

『武破』在朋友宮時：

你的朋友讓你要花費龐大的代價，才能維持友誼，但他們仍不是個忠心的朋友，常常會背叛你，讓你很憂心。

『武殺』在朋友宮時：

你的朋友個性剛強、凶悍，常和你起衝突，是群很麻煩的人。你很難交結到好朋友。

『廉殺』在朋友宮時：

你的朋友都是些有勇無謀的人，只會衝動惹事，倘若你的聰明才智很夠，可以勸勸他們，但他們卻不一定會聽你的，趁早離開他們，以防流年不佳，會惹禍到自己身上。

『廉破』在朋友宮時：

你的朋友只是些酒肉朋友，實在不值得交，他們對你也常做出無情無義之事，你絕不要因為朋友少，而和他們混在一起，那是只有禍，而沒有福的。

『廉貪』在朋友宮時：

你的人緣不太好，交不到好朋友，勉強交朋友，也只是給自己惹是非，儘可能的保持一、兩個朋友就好了，不要和一堆人去混，再給自己惹一大堆麻煩，容易引起眾怒，就難化解了。

『同巨』在朋友宮時：

你的朋友雖然還都溫和，但是他們卻喜歡傳遞是非，更喜歡製造麻煩，而且常常把你牽連進去。讓你哭笑不得，與他們保持距離，你的日子會清閒一點。

『同陰居午』在朋友宮時：

你的朋友中多是溫和個性的人，但是女性朋友與你無緣，總是跟你處不好，個性上有磨擦。交女朋友時，也會被女友折磨、讓你煩惱不已。

『太陽居陷』在朋友宮時：

你的朋友中有許多大而化之、個性爽朗的人，但是男性的朋友總是搶了你的風采，而且男性朋友的氣勢總是壓過你，讓你透不過氣來，常有『既生瑜，何生亮』之感。

『太陰陷落』在朋友宮時：

你的朋友中較多個性溫和陰柔，偏向女性化的人。但是女性朋友總是和你無緣，她們常用些小問題來為難你，弄得你心情不好。你常受制於女性的朋友。

『天機陷落』在朋友宮時：

你的朋友運總是不好，交不到好朋友和知己。目前的朋友中多半是並不聰明又喜歡搞怪的人。你只有等流年運好時，較有機會交到朋友。

『天梁陷落』在朋友宮時：

在你的朋友中，年紀比你輕的朋友與你較親密，年紀比你長的朋友，反倒沒辦法變成知己。這是因為天梁這顆長者及貴人星居陷的關係使然。

『文昌陷落』在朋友宮時：

你的朋友中較多不精明的人，而且外表及學識與品德修養的素質也不太好。

『文曲陷落』在朋友宮時：

你的朋友中多是口才、智慧不佳的人。而且人緣也不算好。

你想知道好的朋友宮是怎麼樣的嗎？

現在讓我們來看看：

『紫微星』在朋友宮時：

你的朋友中品格、家世、學業都很好，你與他們的關係良好，他們會常給你小利益，你是個以朋友為傲的人。

若有羊陀、火鈴、劫空與紫微同宮，你則較孤獨，沒法與朋友做心靈的溝通。

『天府星』在朋友宮時：

你的朋友中多是較有錢的人，或是很會理財的高手，他們對你也很有幫助，你與他們的關係和諧。

若有羊陀、火鈴、劫空與天府星同宮，朋友們與你的關係也常會出現小磨擦。彼此因利害關係而冷淡。

『天相星』在朋友宮時：

你的朋友中多是個性溫和勤勞的人，你們彼此會互相幫助、親如兄弟一般。

有羊陀、火鈴、劫空和天相星同宮時，朋友的與你的關係不如您想像的好，會常起磨擦。

『天梁星』在朋友宮時：

天梁星居旺在朋友宮時，你常受到朋友的照顧，朋友間相處愉快，你也很會照顧別人。朋友中多俠義之士。朋友中也多是品德高尚、學識豐富的人。

有羊陀、火鈴、劫空和天梁星同宮時，朋友中的素質就減低了。照顧你的能力也會減低。

『貪狼星』在朋友宮時：

你的朋友運非常好，你是一個很會交際的人，朋友中也多是圓滑很會與人保持距離的人。也因此你要找到知心的朋友較難，不過朋友間的關係表面上很良好。

有羊陀、劫空與貪狼同宮時，朋友會帶給你一些麻煩，或與你有磨擦。

有火星、鈴星與貪狼同宮時，朋友中有人會帶給你意外的好運，不過他們的脾氣較急躁了一些。你們相處並不愉快。

『天同星』在朋友宮時：

你的朋友都是個性溫和好說話的人，因此你與他們相處愉快，他們也會帶給你福氣與好運。

有羊陀、火鈴、劫空和天同星同宮時，你的朋友雖都是好脾氣的人，卻常和你鬧小彆扭，讓你心煩。

『太陰居旺』在朋友宮時：

你的朋友中多是女人味較重的人。你與女性朋友交情較深，她們也喜歡與你來往。朋友中多是感情細膩、體貼、善解人意的人。

若有羊陀、火鈴、劫空與太陰同宮，你的朋友中有很多是個性內向、陰晴不定的人，常常使些小性子，讓你頭疼。

『天機星居旺』在朋友宮時：

天機星是兄弟手足之星，但善變。故你的朋友中，多聰明、善變、個性靈巧的人，雖然你和他們處得不錯，但並不親密。你常感嘆知己難尋。

『太陽星居旺』在朋友宮時：

你的朋友中都是光明磊落、個性爽朗的人，讓你與他們相處時，如沐春風一般、非常快樂。他們也常帶給你好運道。

有羊陀、火鈴、劫空與太陽同宮時，你的朋友中常有表面上看起來快樂，但心中卻孤獨自閉的人，他們不讓你進入他們心中的世界，有時你真懷疑是不是他的知己？

『陽梁』在朋友宮時：

你的朋友有老大、愛照顧人的個性，你與他們的關係親密。你也會用這種方式繼續去照顧比你年紀小或弱勢的朋友。

有羊陀、火鈴、劫空與陽梁同宮時，你有親密愛照顧人的朋友，但他們個性孤僻、急躁，外表看起來不好相處。你有時也會犯這個毛病。

『陽巨』在朋友宮時：

你的朋友都具有開朗的個性，態度是很博愛的，常與你吵吵鬧鬧，是非很多，但仍然要好親密。

有陀羅、火鈴、劫空與陽巨同宮時，朋友之間的是是非非，讓你們無法親密了。

『太陽太陰』在朋友宮時：

若在丑宮，你與女性朋友較和諧與男性朋友較有磨擦或較自閉。若在未宮，你與男性朋友和諧友善，而與女性朋友磨擦較烈，相處不順利。常被她們嫌來嫌去。

有羊陀、火鈴、劫空與日月同宮，你的心情常受到朋友的影響而起伏不定，遭到折磨。

『同梁』在朋友宮時：

你的朋友個性都較溫和、不愛計較，喜歡遊蕩玩耍，與你的感情親密。若有羊陀、火鈴、劫空同宮時，這些愛玩、溫和的朋友也常與你有磨擦。

『紫相』在朋友宮時：

你的朋友中都是正派、溫和、進取、品德高尚，有人生目標的人。你與他們感情親密，終其一生你都非常高興擁有這些高學養的朋友。

有羊陀、火鈴、劫空與紫相同宮時，你的朋友仍是具有高學養的人，但是偶而會與你起磨擦。

『紫貪』在朋友宮時：

你的人緣很好，很會交際。你的朋友中也多是和你相同的人，你很重視朋友的身份地位和你是否相當。若是家世、成績、地位不如你的，你是不會和他親近的。

有擎羊、火鈴、劫空和紫貪同宮時，這些和你有相同背景、家世、成績、地位都高的人，對你常造成一種負擔，讓你喘不過氣來，但你依然要和他們來往，因你不敢也捨不得離開他們。

『**紫府**』在朋友宮時：

你的朋友都是品德高尚、知書達禮的人，他們的經濟狀況也較好，與你的社會地位相當，因此，你們彼此心心相惜，感情親密，比兄弟手足還親。

有陀羅、火鈴、劫空同宮，在你親密的好朋友中有時也會令你煩惱或讓你心情鬱悶的事，但也會很快的雨過天青。

『**機陰**』在朋友宮時：

你的朋友多是外表柔美、個性內向、聰明、性情善變的人。你與他們的感情時好時壞，有時很親密，有時卻很疏離，這種狀況常讓你很痛苦。

有陀羅、火鈴、劫空與機陰同宮時，朋友之間的關係更是起伏不定，讓你煩悶不已。你常因與朋友之間的感情問題影響到生活，你真是個放不開的人，想得太多、自找罪受。

『**同陰在子宮**』在朋友宮時：

你的朋友多是溫和柔美的人，感情細膩、善解人意，是很好的傾訴對象，你真是找到知己了。

有擎羊、火鈴、劫空與同陰同宮時，朋友間的感情雖好，朋友們多半有心機，你仍是常感有所不足，依然找得出煩惱的事情來自我困擾。

『機梁』在朋友宮時：

你的朋友都是非常聰敏、智商高的人，他們很會為你出主意，但內心並不一定與你親近。

有擎羊、火鈴、劫空與機梁同宮時，你的聰明朋友們，其中一定有個性孤僻怪異或喜佛道的人士。有些朋友根本就去出家了，才跟你說。

『機巨』在朋友宮時：

你與朋友之間的關係常因競爭、是非口舌、吵架、爭執而變化多端。有時你們又黏在一起，有時又彼此恨之入骨，是一種時愛時恨、歡喜冤家的模式，連別的朋友都懶得管你們的閒事了。

有羊陀、火鈴、劫空與機巨同宮時，你與朋友之間常因是非吵架不和而彼此斷交。

『武曲星』在朋友宮時：

你的朋友個性剛直、講信義、重言諾，說話雖不好聽，但很實在，是值得一交的好朋友，但你也得容忍他剛直的個性才行。

有羊陀、火鈴、劫空與武曲同宮時，你與朋友的感情常起爭執，情況不佳。

『武貪』在朋友宮時：

你與朋友的關係較前者和諧，朋友中雖多剛直之人，但你有交際的手腕，會化解人與人之間的危機。但是知音難尋。

有擎羊、火鈴、劫空與武貪同宮時，你雖擁有交際手腕，但朋友間的關係仍讓你常煩心頭痛。

『武府』在朋友宮時：

你的朋友中多是家庭富有的人，你與他們的關係親密，他們也是你自身的重要資源。朋友會對你的生活、學業，將來的事業都有得力的幫助。

有羊陀、火鈴、劫空與武府同宮時，你富有的朋友們並不像你對他一樣的對待你，彼此間磨擦也多。

『廉貞居旺』在朋友宮時：

你的朋友都是非常有頭腦的人物，喜愛權術，他們非常有策劃能力、個性剛強，與你的關係不太好也不太壞。你一定要像他們一樣是個非常有計謀的人，才可能交好成為親密戰友。

『廉府』在朋友宮時：

你是一個非常有交際手腕的人，朋友個個都像是你的知己，但是你並不真的那麼信任他們。表面上的話你會說，真正的心事你只跟自己分享，你是一個防範嚴密的人。

有羊陀、火鈴、劫空與廉府同宮時，在你高超的交際手腕下，有時也會戰敗，而與人有磨擦。

『廉相』在朋友宮時：

你的朋友中多是溫和而沒有你聰明的人，但這些溫和的人，也有固執的一面，你若想說服他，也沒有那麼容易。但他們仍不失為你忠心的朋友。

有擎羊、火鈴、劫空與廉相同宮時，你與這些溫和固執、忠心的朋友，仍時有磨擦，而且朋友中也會有不良善之人。

『文昌居旺』在朋友宮時：

你的朋友中，都是長相文質彬彬的人，並不一定會讀書，但都是非常精明的角色。與你的關係正常普通。

有羊陀、火鈴、劫空與文昌同宮時，常因朋友太精明而讓你吃暗虧。

『文曲居旺』在朋友宮時：

你的朋友中有許多人是口才極佳、人緣極好的，他們的才藝又好，讓你也得到不少好處。因此你們是親密的。

有羊陀、火鈴、劫空與文曲同宮時，你的朋友中常因口才好、辯才好，而讓你佔了下風，起了磨擦。而且這些朋友中也有狡猾之輩。

另外，交朋友也要看兄弟宮，這是與你同輩人的關係認定的宮位。兄弟宮與僕役宮（朋友宮）是對照的，它的看法也與朋友宮的看法一樣。你可以將兩個宮位中的星，全部加起來，看看是吉星較多，還是凶星較多。吉星多，表示你的朋友運是不錯了，縱使有小的不愉快，仍可迎刃而解。若是凶星多，你則要小心交友了，不要被朋友拖累了才好。

以上提供的狀況都是給你參考用的。你看了以後，更可以檢討你目前的交友狀況，考慮一下，那些朋友是對你的學業、前途有益處的？那些朋友壞習慣多、講話不守信用，對你不夠真誠？好的朋友是你成功的支柱，壞的朋友是你未來成功的絆腳石，你一定要確實體認清楚，去蕪存菁才好。

更重要的一點，你不要天真的想去影響改造別人。要知道沒有任何人是可以改變別人的！有時妄想改造別人，與習慣不好的人相處多了，反而被其同化，而得不償失了，這一點你要想清楚才好。

※其想進一步瞭解自己的朋友運，可參考法雲居士所著《紫微成功交友術》

一書，可幫助你認識自己周遭的朋友，以及幫助你重新建造自己的社交圈。

結交朋友的案例

在我命相的ＣＡＳＥ裡，發現結交朋友和與朋友相處的問題，常是各個年紀都會發生的問題。而以國中學生和高中學生在此方面的困擾最多。

學校裡班級上有某些同學在搞小圈圈，專門排擠某幾個特定的同學。這些排擠有些是有原因的，得罪了為首做頭的同學了。有些則是沒有原因的，只是看不順眼那幾個被排擠的人罷了！

倘若你遇到了這種狀況，你就是那個被排擠的人，你的心裡一定很痛苦。有時你實在很害怕去學校。去面對那些不友善的面孔、或是刻意的捉弄或嘲笑。

你要怎麼辦呢？

你願意傾聽我為你設想的方法嗎？

事實上，我的方法已得到印證是非常有效的！今天我才敢在這裡大膽的向你建議！

我的女兒從國中到高中一直有這方面的問題。在學校裡因功課的競爭而變得沒有朋友，有時甚至她想放棄功課、放棄考試，以迎取班上搞小圈圈的同學們的友誼，最終還是失敗！沮喪、懊惱、寂寞的心情終日圍繞著她。我陪她一路走來，真是辛苦！

我常勸她：『要做一個真正的你。不要太在乎別人的看法！』

但是沒有用，她依然常常哭著放學回來。

其實在人整個生命的旅程中，不管你現在是在唸國中、高中或大學，每隔三年或四年便要經過升學考試換一個學校。而在這三年或四年以後，你也許一生都不再會見到這些令你痛苦的人了。

將來你也不再記得起，此刻讓你寢食難安的捉弄和嘲笑，就像你現在還想得起小學時與你吵架的人嗎？想得起幼稚園裡打做一團的小朋友嗎？

不記得了！完全不記得。

所以『時間』就是治療不悅及傷痛最好的良藥。

想到幾年後，你再也不會看到這些讓你不快樂的人們，你是否心裡有些許的快意呢？**這是方法㈠**。

方法㈡：就是做個快樂的獨行俠也不錯。

你自己必須先堅強起來！先檢查自己是否有錯？先瞭解同學排擠你的確實原因在那裡？到底是他們的偏見呢？還是你自己的習慣、想法不好？是自己的問題，就不要怨天由人，自己要改。是對方的偏見，而且是一大圈人的偏見，你就要有勇氣來面對。你可以採用『三不理政策』。也就是凡事不理。對於跟你作對的人不理、對於別人的嘻笑怒罵也不理、甚至對於某些對你有興趣，想來探探你的底細，而假意和你友好的人，也不能與以理會。

在這段時間內，你要固守你的堡壘，慎防別人攻破。在自己的堡壘裡，你必須提升自己的實力。你可以把心力放在課本上。也許你本來並不是個好成績的學生，但是此刻你也沒有別的事可做了，只有把心思放在書本上了。因此你的成績在慢慢的突飛猛進中。

有一天，這些小圈圈中的一員，突然發現你的成績已遙遙領先在他們的前面，而張惶失措的和他們的同伴議論你時，這時你的快樂是不是已經值回票價了呢？

但是這是還不夠的！你還要給自己訂一個新的大目標，不是單單只超越這些人就可志得意滿了。你必須以改變人生境遇的大型考試做為一個新目標。如高中聯考、大專聯考之類。**你必須要做另一類的上等人！**

雖然很多人都有學歷無用論的論調，但是在以後的社會裡，沒有碩士以上的資格，是很難有高尚穩定的職業的。

試想你唸了好的公立高中，是不是給家裡節省了學費，將來的同學也是程度較好的人。你唸了好的大學，將來的同學也會是社會上的菁英份子。假如說你到外國唸了更知名的大學，或修了博士、碩士之類的學位，將來的同學，可能是某國的總統或國王之類人物，豈不更妙、更有趣。因此呀！『書中自有黃金屋』這句話是千真萬確的了。

在這個方法中，你必須注意老師的態度。倘若老師並沒有注意到班上小圈圈孤立你的問題，你仍可和老師保持好的關係，在功課上可以有請教的人。倘若老師也倒向小圈圈一幫人的方面去了。你只好自求多福，因為老師也不會幫你，也可能會給你打壓，你若有功課上的難題，只好和父母商量到外面補習去吧！

提供你的方法雖然是一種『艱苦卓決型』的方式，但已經過試驗成功，也確實有效。這是我女兒的親身經驗，現在她已考上公立的大學，快樂的擁有另一批相處和樂的好朋友。那些以前嫉妒排擠她的人，因為每日聚在一起吃喝玩樂，把精神放在鬥爭他人方面，成績愈來愈差，最後終於被拒於大學聯考之門。

倘若這些人的習性不改，最後他們會落於社會的底層。再過十年、二十年之後，這些死性不改的人們，會奇怪的問：『他們是怎麼爬到今天的地位的呀？』

改善朋友關係的好運時機

從前面討論朋友宮的問題中，你可以看出來，你自己的朋友運是不是很好？再與你現在的狀況做比較，印證一下精確度是不是很高！在我來看，這總是八九不離十的，夠準確了！有小部份的人對感情比較麻木、感覺不出朋友對自己是好是壞，這類人對一切的事物也是漠不關心的，過日子也是迷迷糊糊的，當然也不會積極努力，要想有成功的一天，只不過是南柯一夢罷了。

倘若你對朋友的感情是感受深刻的，而且朋友的問題正成為你目前的困擾，那下面的章節就是對你此生最重要的一課了，你一定要仔細的閱讀！

人的一生受運氣的影響很大，這是無可否認的。縱然你的朋友宮與兄弟宮都很好，但是在流年的朋友宮與兄弟宮走到弱運時，也是不妙的，也可能有衝突發生或朋友對你不利的狀況出現。

流年朋友宮與流年兄弟宮怎麼看呢？

譬如說，今年是辰年，辰年便是你的流年命宮，逆時鐘方向旋轉數去的下一個宮位，就是流年兄弟宮。從命宮開始數一，逆時鐘方向數到第八個宮位的就是朋友宮。辰年時，流年兄弟宮在卯宮，流年僕役宮在酉宮。巳年時，流年命宮在巳宮。流年兄弟宮在辰宮。流年僕役宮在戌宮。你可以看到這又是順時鐘方向向後移動一個宮位了。

因此辰年時，你只要看卯宮、酉宮中的星曜吉凶，就可以知道你辰年的朋友運了。依然還是吉星多，朋友運好。凶星多朋友運差，有是非麻煩等煩憂之事。

倘若你要改善朋友之間的關係，更要利用流月朋友宮與流月兄弟宮的吉運了。

算流月命宮的方法，放在本書文字的最後一頁，你可參考算出。流月兄弟宮與流月朋友宮的算法與前述者相同，仍是以流月命宮為第一宮，逆時鐘方向數去，第二宮為流月兄弟宮，第八宮為流月朋友宮。每一個月的流月兄弟宮與流月朋友宮都順時鐘方向向後挪動一格（一個宮位）。

一般來說，流月兄弟宮、流月朋友宮中有紫微、紫府、紫貪、紫殺、紫破、紫相、天府、廉府、武府、貪狼、武貪、太陽居旺、同陰在子、太陰居旺、同梁、天同、天梁居旺、天相居旺、破軍居旺、廉貞居旺、武相，這些星座在流年兄弟宮或流年朋友宮時朋友多半與你融洽，縱使以前有不愉快的朋友，也能放下身段，與你重修舊好。

此外流年兄弟宮、流年朋友宮出現機陰時，仍是時好時壞，倒不如不要自找麻煩了。像日月同宮出現時，不是有女性對你不利，就是有男性對你不利，你必須要把握所要化解的對象是男是女。是男的，就要利用日月在未宮的這個月份。是女的，就要利用日月在丑宮的這個月份。但仍要小心，不要半路殺出個程咬金來搗蛋才好。否則也是徒無功的。

還有『陽巨』和『機巨』都是因為是非太多，是不可利用的時機的。

只要你把握了上述的要點，改善朋友的關係，易如反掌，你真是掌握了天機了呢！

10 應徵工作的吉運時機

在每年的夏季，有許多學生從學校畢業出來，要找工作，或是有許多在校的學生也要找打工的工作。因此在夏季裡有數以好多萬計的人，投入職場，這怎麼可以不算做驚天動地的大事呢？

倘若你正要找工作，而又對前途沒什麼把握的話，我勸你不要盲目的行動。

倘若你是個喜歡演算未知數的人，或是對命理有興趣的人，你應該打開自己的紫微命盤，好好來觀察，就可站在不敗之地了。

天機星所在的時刻

通常一個人會變換工作或生活的環境，都是發生在流年、流月走『天機』的運程時。天機居廟旺時，你工作或生活的變化是吉利的，有愈變愈好的趨勢。若天機居平、陷落時，你工作或生活的環境，則有愈變愈壞的趨勢。

其他會造成生活上、工作上有重大的轉變的，就是『七殺』、『破軍』、『貪狼』所形成的『殺破狼』格局了。這個格局是這三顆星每隔三個宮位，在命盤上形成三角鼎立的姿態存在著。因此你每隔三年便有一些人生上的變化。這些變化各有巧妙不同，你若能好好把握，對你一生都是非常受用的。

七殺星在人生機運上所產生的變化：

當你的流年、流月走七殺星的運程時，你有無比勇猛的衝動力為工作打拼，好像將士身陷沙場般的義無反顧。這種原動力是你走七殺運程，就會有自發性的衝動，並不需要旁人來催促幫助。因此在有七殺星的流年、流月中，你自己就會忙碌了。

當你的七殺星是居旺的時候，你忙的很有目標，而且可以達到你想要追求的目標。當七殺星居平的時候，是和紫微同宮，在這個紫殺運程中，你會稍微忙碌一點，奮鬥力不是很強，但是紫微星會讓你趨吉、順利。可是在武殺運中，就是忙的辛苦，有勇無謀，希望和結果都不能如你所願了。

破軍星在人生機運上所產生的變化：

當你的流年、流月走到破軍星的運程時，你很喜歡開創一些事務。你可能跳槽到另一間公司去，你可能丟掉學了很久的老本行，從新開始做一種新的行業。總之，破軍呈現具有破壞的力量，先破壞再建設！但是勇氣百倍。

倘若你的破軍星是居旺的時候，那你運逢此年、此月所開創的事業是一定會成功的。也因為成功，先前所做的破壞、損失也不算大了。

倘若你的破軍星是居於平陷的，也就是武破運或廉破運。勸你千萬不要利用這個流年、流月去打拼，否則工作沒有進展。血光、災禍一大堆，讓你頻呼倒霉。

雖然我這麼一再的告訴你，星曜陷落時不吉，不可動。但是在走七殺和破軍陷落的運時，你還非常愛動和要去動，這是一種天然的催動力量，讓你不能克制。

倘若你的命宮是顆穩重的星，如紫微、天府、天相、天梁等的星，你就會忍得住不動了。若你的命宮是貪狼、破軍、七殺、廉貞等好動的星曜，那真是攔也攔不住了。也必定要經過痛楚、失敗，才能痛定思痛，信了我的話。

貪狼星在人生機運上所產生的變化

當你的流年、流月走到貪狼星的運程時，若貪狼星是居旺的，你會對文藝的事物感興趣。貪狼星的速度很快，多學少精，做事馬虎。但是在這個運程時，人緣極佳，因此是有利於工作的尋求的。

貪狼星若是居陷時，也就是廉貪運，人緣很差，找工作非常困難，凡事都會拖延。也許你想找個假期打工的工作，等通知信，等來等去，一晃眼，假期已結束了，仍沒找到。

＊應徵工作的好運時機尚有化權、化祿、化科進入的流年、流月，會有好的收獲。其中以化權、化祿星較強。化科星較弱。在這裡真正要注意的一點，是主星必須居旺才會有效果，倘若主星陷落，化權、化祿只是徒具形式，並沒有太大的助力。

＊另外在流年、流月逢到紫微、天府、武曲、天相、天梁、天同、太陰、太陽、巨門、廉貞、文昌、文曲這些星曜居旺的時候，都有很好的求職運。

你看！有這麼多的好運機會等你去運用，不怕找不到一個好工作了吧！

※請參考法雲居士所著《紫微幫你找工作》、《如何創造事業運》兩本有關工作方面的書籍，會有更詳盡的解說和建議。

11 天梁旺弱主宰人一生的命運

在這一章裡，其實我想談的是天梁居旺、居陷的問題。

我們都知道：天梁星是蔭星，有蔭庇、有貴人運。天梁居旺時也有考試運、升官運。天梁既然是蔭庇之星，自然是適合做善事、幫助別人的好時機了，但是這也只限於天梁居旺的運程之中，和在命格中具有天梁居旺格局的人，才會去做善事幫助別人。

命宮主星是天梁居陷位的，和命盤格局中有天梁居陷狀況的，和走陷落的天梁運的人，都是會具有自私心態，認為自顧都不暇了，哪有時間和金錢來幫助別人呢？

另外還有一點，在命盤格局中有天梁居旺的人，比較會有宗教信仰。尤其是天梁居旺坐命的人，會熱愛宗教，也會捐款給宗教團體，熱衷宗教活動。像我們的李登輝總統就是天梁化祿坐命的人，篤信基督教，言論中常以聖經做依據，並且也多次發表談話，表示將來想當牧師來傳教。

・天梁星的旺弱對人生的影響

但是命宮中有天梁居陷坐命的人，則不會有特別的宗教信仰，而且對宗教存有懷疑態度。他們也會表面上從善如流和別人一起去寺廟拜拜，但並不真心有興趣在宗教上。

命理學是一門研究人類生活文化思想，以及生活經驗的人文科學。在我長期的追蹤、研究及多方應證中，發現在人的命盤格局中有天梁居旺格局的人，比較有慈愛心、善心，與長輩、晚輩，以及同輩的關係都較親密。而且可以得到長輩、晚輩、同輩的信賴與幫助。在一生中受到的照拂比較多，為人較有感性，情感的揮發也順利圓融，一生好運氣也比較多。

而在其人的命盤格局中有天梁陷落的格局的人，則比較自私、自顧自，不喜歡與長輩和晚輩多說話、多有交情。他們喜歡躲著長輩，對晚輩也是怕麻煩的態度而加以逃避。他們害怕長輩會管束他、黏上他、讓他負責任，或是害怕長輩的嘮叨數落。所以這些人是得不到長輩良好的照顧與指引的。命格中有天梁陷落的人，在情感抒發上較遲鈍，人際關係並不是太好，怪脾氣多，一生好運氣沒有別人好。

天梁運會影響人的生活和命運是一點也不假的事。在我一房親戚的家中，一家四口，父親和子女都是命格中有天梁陷落格局的人，只有那位母親是命格中有陽梁居廟的格局，她是同巨坐命的人，所以這一家人的運氣就立刻顯現了。父親整日汲汲營營的工作，整日在外忙碌，無法顧及子女。而母親經常逛百貨公司，及忙一些社區團康活動，不喜歡做飯，做家事，當然也顧不到小孩。兩個小孩就自求多福的過日子，有一頓沒一頓的生活。表面上看來是富裕的家庭，車子、房子都有，但家庭中實際過得是非人生活。而且母親還經常發脾氣、摔東西，大鬧一場。如此家庭的小孩，當然讀書是讀不好的。將來長大後在人格發展上也會有問題，這種家庭問題是很難解決的，根本也無法從協談中讓這位母親勤快一點，顧家一點，照顧小孩多一點，所以只有望其興嘆了！

另外有一位女性朋友是天梁坐命亥宮居陷的人，這位朋友嫁了一位船員，丈夫長年不在家，但收入很好。她就在家中帶孩子，照顧公公，不須出外工作。可是小孩得了發育遲緩症，五、六歲還不會說話，醫生說是大人不教他的緣故。這位朋友也承認懶得和小孩說話，她也懶得和公公說話，藉口是言語不通。公公坐在輪椅上，她每天買便當給他當正餐，其他的時間便跑出去。我對她說：『只要和他多聊聊天，多講講話，時間長了，便能瞭解意思了。』她說她也知道，但是害怕說得通了之後更麻煩，事情更多，因此最好不通。

我一直認為天梁居陷坐命的人，最好不要生小孩。因為自己沒有心力照顧得很好，也增加自己的麻煩。天梁在巳、亥宮居陷坐命的人，子女宮是貪狼居平，表示子女的活動力、人緣、智商都不是很高，而且會和子女不和睦，也會擁有不好教育的子女。

至於命理格局中有天梁居陷的人，雖然他們性格溫和，也不會做大凶大逆之事，但一向和長輩不和，也不會好好孝順父母，這些為人父母的人，也只好自求多福了。最終的結論還是少生一些命格中有天梁居陷格局的人，就會有父慈子孝的社會了。

反觀在周圍環境中那些能孝順父母和父母感情親密的人，多半也能在事業上多表現，升職、升官都很快，考試也能順利，學歷也會較高，生活水準也會較高，較富裕。因為這些人在成長時期受到良好的照顧和教育，得到較好的感情滋潤，在感情的抒發和感覺上容易體會人心溫柔良善的一面，所以在人生路途上有直覺性和知識性的超能力，能幫助邁向成功。在我自己的親身體驗中，每逢流運父母宮走天梁運時，便得到父母在生活細節上的多方照顧。所以這個居旺的天梁運是讓人感受深刻的。

在我另一本書『紫微成功交友術』中，曾提及紫府坐命的人的僕役宮（

朋友宮）是天梁居旺，在他們的朋友輩中會出現很多年紀較他們大，長輩型的朋友，他們會從這些長輩型、年紀較大的朋友中吸取經驗。而這些朋友也會拉拔他們，成為他們的貴人。所以紫府坐命的人非常有錢，事業運也非常好，大多數紫府坐命的人都是富翁級的人。這就是天梁居旺給他們帶來的好處。

居旺的天梁運不但給人帶來了人緣，由長輩、貴人處帶來了貴運，會有宗教信仰，同時也會特別具有慈愛心，在居旺的天梁運裡，你會特別照顧周圍弱小的朋友和族群，也會參加慈善團體的工作。這是一個非常好的運程，慈善心不但能幫助別人，也會增旺自己的運氣。目前台灣貧窮差距逐漸拉大，地震災害中產生許多須要幫助的人。正是需要居旺的天梁運來發生作用的時候，還好居陷的天梁運只是出現在『紫微在丑』、『紫微在辰』、『紫微在戌』三個命盤格式之中。在十二個命盤格式中，有四分之三的人是有慈愛心的，好人這麼多，實在值得欣慰吧！也表示在這個世界上絕大多數的人是願意做善事和具有慈愛心的了。

12 談戀愛的好運時機

有許多年輕人最愛問的問題，就是：

『我什麼時候有桃花運？會談戀愛？』

但這個問題總是在詢問學業、與父母、師長的關係、與朋友的關係之後才提出的。可能有一部份是害羞，有一部份是確實知道自己還年輕，『談戀愛』這等事在長輩大人的眼中，好像不算正經事似的。但是年輕浮動的心，又怎能放得下一個『情』字呢？

通常在紫盤斗數中，我們觀看命盤上，在流年、流月、流日運行經過有桃花星所在的宮位中，就會有桃花運了。

桃花星有廉貞、貪狼、太陰、文曲、天鉞、沐浴、天喜、紅鸞、咸池、天姚等等。

我們通常看這個人在那一年結婚，總是先找到紅鸞星所在的流年來看。但是據筆者的經驗，這常有前後各一年的差誤，因此其準確在百分之五十至六十之間，並不算高。

但是在紅鸞星所在的流年、流月中，確實容易碰到喜歡的戀愛對象，這確是不爭的事實。

此外像：

廉貞星：是桃花星。

是一顆不拘小節、灑脫豪放的桃花星，很容易與人親近了、也很容易戀愛了。

當廉貞星居旺時，這種戀愛的關係是可以經由策劃而達成的。譬如說，你想追求某人，在有廉貞星居旺的流年、流月中，運用智謀，也可以追到手。

但是在廉貞星居平（廉破、廉殺）或陷落（廉貪）時，你所用的智謀欠佳，且會造成反效果，追求不成，碰了一鼻子灰。

貪狼星：也是桃花星。

貪狼星的性質，是一種速度很快、若即若離、有著文人名士風格氣質的桃花星。在流年、流月中，你碰到它，即有上述的氣質出現，真是讓想追求你，或想親近你的人又愛又恨了。當你在流年、流月中運逢此星，你的人緣極佳，要不要更進一步的談戀愛，完全掌握在你的手中，這是你自己可以取捨的。若你只想保持普通的友誼方式，你也可將它化做人緣桃花。也不是很困難的事。

文曲星：

居旺時，會讓你具有多才多藝、口才佳、辯才好、人也有氣質。

在流年、流月你逢到它，會有很多人欽慕你的才華而接近你。在此刻你更可鎖定目標、大力的發揮你多才多藝的才能了。文曲居陷時，則才藝不被人欣賞，人緣也不佳了。

天鉞星：

會讓你具有溫和柔美的個性，女性在逢到天鉞這個流年、流月時，會特別具有高雅的氣質，人見人愛。男性在逢到天鉞的流年、流月時，比較柔和，有些孤芳自賞的格調。不管男女在逢到天鉞的流年、流月時，特別愛打扮、喜愛美麗的衣著，所以也容易招蜂引蝶，是個很花俏的桃花星喔！

天姚星：

這顆桃花星，在卯、酉、戌、亥宮時為居廟旺之地，具有文采風流的特性，但喜風塵之地。在其他的宮位時，則沒有文采只有風流了。

在天姚星所在的流年、流月中，你是很會察言觀色，特別愛好風花雪月的。你會利用極佳的口才、圓滑的方法，去打動被你追求的人的心。

但是天姚星具有邪淫的本質，若只是單星在流年、流月中，你還算正派。若有三、四顆桃花星同聚在一個宮內，而又在流年、流月中你逢到的話，則會成為糊塗桃花或風流桃花了。

像是流年、流月中逢到左輔、右弼與天姚、咸池同宮時，男子會與有夫之婦有不尋常的關係。女子會與有婦之夫同居等現象。

紅鸞星：

這顆桃花星具有多項本質，如虛榮、直爽、遊蕩，不安定、易變等。倘若單星存在於流年、流月中，只是增加男女朋友結交的機會。增加人緣的親和力罷了。

倘若，紅鸞和咸池、沐浴、天姚等多顆桃花星聚在同一宮中，桃花星太多，會惹是非、較淫蕩。

紅鸞星和吉星同宮，可有吉慶之事。紅鸞星和凶星同宮，則有失戀、血光的問題產生，這也是紅鸞星易變的本質。

天喜星：

這是顆喜歡交遊的桃花星，喜歡結交朋友、是人緣桃花。所結交的朋友沒有年齡的限制。在天喜星所到的流年、流月中，會結交到與自己年齡有極大差異的朋友，形成忘年之交。

沐浴星：

這是顆桃花忌星，一般不喜歡落在人的身宮、命宮、財帛宮，田宅宮等，因是忌星，會帶來是非、麻煩。

沐浴星只在夫妻宮為吉。倘若在流年、流月中你逢到它，小心人緣桃花變色，會招惹上你不喜歡的人也來追求你。

咸池星：

又叫做桃花煞，其本質為好色而淫邪。例如有貪狼和咸池同宮於流年、流月中時，容易有不正常的異性的關係。

又如男子本命中有咸池和祿存或是咸池和文昌、文曲、左輔、右弼、天魁、天鉞同宮時，會從事特種行業，靠女性生財。

倘若你的流年、流月行經咸池運時，你也會有突發異想或是偶而為之的好色想法或行為。

由上述的解釋，你可以明瞭了何時是你擁有正常桃花戀愛運的時機，何時是不好的戀愛時機。

以前在我的另一本書『如何掌握旺運過一生』中，我也曾提到，好的戀愛機會，應該是在你運氣較旺時，你比較會遇到個性溫和、正直、品德高尚、價值觀相同、知識程度與你接近、容貌可人，各方面條件較佳的對象。

在你心情不佳、脾氣暴躁、諸事不順時，生病受傷的時候，都是弱運衰運的時刻，是不宜談戀愛的。就算你不信這個邪，最後你終會發現，在雙方進入旺運運程時，彼此心中就產生了隔閡，最後還是分手了。

倘若你目前正覺得自己的運氣不錯，又正想嚐嚐談戀愛的滋味，趕快拿起你自己的命盤，找找目前流年、流月上有沒有桃花星？若有的話，趕快行動吧！在你的四周去發現接觸你的新戀情吧！

※欲進一步瞭解桃花運時機，請參考法雲居士所著《如何掌握你的桃花運》和《如何掌握婚姻運》兩本書。

13 相親和與人見面的好運時機

有一位坐三望四的朋友，有一天打電話給我，說是有幾天連續假期，他要回南部老家去，父母親為他安排了相親，一定要他回去看看。基於歷次相親失敗的經驗，他實在是心裡怕怕的，因此想請我為卜一卦，看看此次相親是否會有結果？

我說：『為什麼卜卦呢？用紫微斷流運豈不是更精密？』

他說：『也好，但是不知如何來看？』

我替他算出了流日的流運，發現四天連續假期流運是這樣的：

第一天是天相陷落運。對宮是廉破。

第二天是機梁運，對宮有陀羅星。

第三天沒有排相親行程，是紫殺運，對宮是天府。

第四天走文昌陷落運，對宮是同陰、擎羊。

他在四天中第一天、第二天和第四天都排有相親的行程，分別相三個女孩子，其中第三天沒有相親行程，而這第三天卻是運程比較好的日子，這是十分可惜的。

接著，他要我告訴他這三天會遇到什麼樣的女孩子？現在，我就鐵口直斷了。

第一天他走的是天相陷落運，還算是平順但會奔波是有點勞碌的日子，會碰到長相不美麗、服飾邋遢的人，可能學歷程度也很差的人。

第二天他走的是機梁運，他自己會覺得自己本身是很聰明的人，而且口若懸河，很健談。但是他會碰到對方女孩卻是個看起來笨拙、長相矮矮壯壯的、頭面或唇齒有傷痕的人。

第三天他走紫殺運，對宮是天府，倘若這一天會相親的話，就會遇到皮膚白白的，雖不是如天仙般美麗，但是個穩重、有氣質、態度保守，但很會做事、更會理財的人。

第四天他走文昌運陷落運，表示此日他不夠精明，可能會做傻事，而且自己在儀容外表上也不重視，而且有些粗俗的。此日的遷移宮是同陰、擎羊。表示他會相親的對象是外表文靜、溫柔，長相不錯，下巴尖尖的，而且是有點心機的人。

・相親和與人見面時的好運時機

他聽完之後，決定回家去驗證我所做的預言，本來三心兩意不想回去的心，就此動搖了。因為他覺得自己母親的眼光實在不高明，每次為他尋找的對象都讓他不滿意，因此每次相親他都以逃避的心理尋找藉口來推拖。此次因為有了好玩的預言，為了驗證，相親就變得有趣多了。

假期一結束，我就接到他的電話了。他說：『真是準極了！怎麼會這麼準的啊？』

原來他在第一天相親時，真是碰到又醜又粗、邋里邋遢的人。第二天，又碰到矮壯，看起來笨的人，也不愛說話，都是他一個人在講話，真是累死了！連續看了兩個醜女，真受不了，第三天一早便溜回台北了。

我說：『哎呀！你真的是不夠精明，錯失良機了！第四天的相親，你怎麼沒去呢？第四天的對象就不錯啦！』

他說：『嗯……你不是說她會有點心機？我想一連看了兩個醜的，再看也不會好了，所以也不想再看了。』

『哎！真是可惜！』我真為他惋惜。

我以為他的相親節目就到此結束了。誰知道此人還真是不死心。硬是要證明原本在第四天要相親的女孩是相貌不錯的人，居然打電話回家連絡，要再次做相親見面。於是在接下來的周日假期中見了面。這次也證明對方的女孩是相貌條件不錯、有溫柔氣質、下巴尖尖的，是個頗有智慧的女孩。這位先生於是很興奮的展開追求。可是在第二次約會時，這位女孩便告知他不想再繼續來往了，讓他很訝異也問不出什麼原因，以後也不肯接電話了。這位朋友非常傷心，認為自己失戀了，又再找我訴苦，好為他解迷津。

我覺得這次他選中的女孩，其實在頭次見面時便已注定無緣。只是他自己不自知而已。原因是什麼呢？

原因就是第二次相親時候的流運時機的問題。倘若在第一次相親行程中的第四天就去見這位女孩子的話，以後的事情就會成功。可是那次他是放棄的，讓對方有不好的印象。第二次再約見面所選的時機也不好。當日走天府運。對宮（流運遷移宮）是紫殺。表示此日此男會遇到氣質較高貴但性格強、不好相處的人。同時也表示此女在第一印象中已高高在上，氣勢較強，外表冷淡了。

『沒錯！見面時她的確很少說話、態度保守，有些冷淡的樣子，但我以為那只是不熟不好意思多說話罷了。否則為什麼第二次約會我一約她出來，她就答應了，來了之後又表示不再來往了呢？』

・相親和與人見面時的好運時機

『那只是一種禮貌罷了，當面說清楚比較好。她和你的家人可能有點關係，所以不好意思在電話中就無情的拒絕你。』

由這位先生的言談之中就可發覺，他不是不想結婚，而是眼光高，想找尋美麗的伴侶，但是在人與人的相處上卻是只具有幼稚園程度，而且也不懂得時機把握的問題，所才會蹉跎了婚姻。

與人見面的好運時機

通常人與人見面都會有一個時機的問題，這不論是在相親問題還是在一般人的見面，或偶遇之中都是一樣的。要不然為什麼有的人會和人一見如故，像是前世就曾相識，有緣的不得了。而有的人初次相見就有衝突，彼此看不順眼，八字不合。這些就是人與人見面時機的問題。

在紫微命理中看與人見面時機是非常準確的。不論你是要預測和從未謀面過的人見面時情況的和睦與否，或是以此來安排與客戶見面的時間以爭取生意，或是相親是否成功？或是預測接電話時，對方態度好壞，許多的狀況都可做預測，只要學會了這一招，從此你就是個最會把握時機的人了。怎麼看呢？現在就告訴你！

在紫微命理中看時機的運氣，主要是以流時為主，當然流日、流月也是重要的。在這個看時機流運的重點裡，流年好不如流月好，流月好不如流日好，流日好不如流時好，所以流時是首當其衝的。倘若流時不錯，流日又很好，此日、此時就是最順利的大好時機了。倘若流日好、流時不佳，最好要另選此日中的其他時辰來從事見面。倘若流時好、流日不佳，此時還尚可以用，只是不要希望太大罷了，因為見面時既不會不順，也不會有大喜的事出現。倘若流日、流時皆不佳，當然是避免相面，另外改時間、日期較好的了。

在紫微命理中找與人見面的好時機，最好的時間就是吉星居旺的時間，而且不能有羊陀、火鈴、劫空在流運時間之內。**而你要見面的人，他所代表存在的空間，就是流運的遷移宮**。所以你找好自己流日、流時的吉日、吉時之後，就要看對宮是什麼星了。通常你自己流運的時間，例如有天府星，而對宮一定有七殺星，表示在這個時間內，你自己是穩定平和的，而見面的人處在性格凶悍的地位，他們會來勢洶洶，好爭鬥，反而不利於你。所以最好是自己的流運處在七殺的位置，而外面的環境（遷移宮）是溫柔祥和、不計較的環境才是對你有利的，這樣你才會遇到溫和講理的人。

相對的，你自己若是處在天相的流運中（包括流日、流時），此時你是能度緩慢、溫和、穩重的一片祥和之氣。而你的流運遷移宮中就一定有破軍（不論你的流運是紫相、廉相、武相、流運遷移宮都是破軍）。這就代表說你在這個天相運的時間內，一定會遇到態度是蠻不在乎、毫不懂禮貌、行為放肆、穿著也不算端莊的人。也可以說是會遇到粗俗、沒有文化的人，並且此時可能會讓你破財。所以說在任何天相運的流運裡，就算是要見你心儀已久的偶像，恐怕他們也會毫無禮貌的來對待你，這豈不是很殺風景的事？

所以寧可自己處在破軍或紫破的流運中而對宮（流運遷移宮）有紫相、天相、廉相這些較吉的流運遷移宮，這樣你自己是個言行大膽、豪放、敢做敢當、敢言的人，氣勢比較強勢。而對方（來與你相見的人）會個性溫婉、有點怯懦、喜歡講究公平、公正，又會好心服務別人的人。這樣一來你強他弱，自然會讓他依附你、同意你的見解了。

但是倘若你的流日、流時運是武破、武殺，縱然流運遷移宮中有天府、天相星，也是不吉的。因為你正在走窮運、衰運。既使你會碰到較富有、較溫和的人，你比他們凶，比他們強勢，但是還是說服不了他們，或是被他們看不起，這是非常沒有緣份的時間了，而且在武破或武殺的時間內，是你自己感覺到貧乏、窮途末路，而對人有排斥心，認為此時外界的人都是計較、嚕嗦、討厭的，而不想交往。所以此時不佳。

在流運遷移宮中有巨門星的時間，都有是非爭吵的跡象。當巨門居旺時，對方是口才好、口若懸河的人。若有居旺的巨門化權，代表對方很有說服力，你必需要小心，此時最好不要用來見有利害衝突的人，否則會失利。若有巨門居旺化祿，則對方是個油嘴滑舌的人，要小心被騙。倘若有巨門居陷，則要小心彼此相見爭鬥的場面很激烈，爭吵會很凶，是一個相見險惡的時間，總之有巨門在流運遷移宮中，對方都是不好惹的人。

若在流運遷移宮中沒有主星，是空宮，此時要看你將會碰到的人，倘若空宮中有文昌星，而文昌坐在申、子、辰、巳、酉、丑宮居旺時，你所見到的人，是耿直、在外表上服裝、氣質、文化水準都較高，較有水準的人。若文昌居陷，則文化氣質低落、較粗俗。倘若空宮中有文曲星，則文曲居旺時，對方是有口才、圓滑、有才藝、蠻可愛的人。若文曲居陷，則對方不會說話、不討人喜歡、小家子氣。若空宮中有擎羊星，擎羊星在旺位，對方是個氣燄高、有侵略性的人，很陰險、厲害，而且你與他見面時是不順暢的局面。若空宮中的擎羊是陷落的，對方是個厲害貪赧的小人，要防著他，以免受害。若對方是個長相瘦小、猥瑣、眼目閃爍的人。若有陀羅星在空宮中，則對方是個粗壯、略矮、臉上、頭面、唇齒手腳都曾有傷痕、長相也不佳，有些笨笨而陰險的人。陀羅居陷時，對方會是身材矮瘦，駝背的人。若空宮中有火星、鈴星則對方是個沒有耐性、態度不良善的人。總之流運遷移宮中有羊、陀、火、鈴出現，見面時狀況都不佳。

倘若流運遷移宮是空宮，也沒有任何主星，這個見面時的運氣變得空茫，此時就要看自己原來的流運走到什麼運程了。原本流運是吉的，也比較吉利，例如流運走同陰運，你會很溫和、懶洋洋的。流運遷移宮是空宮，此時你會見到的人，也會是溫和、懶洋洋，沒有敵意，而且對你有情，有幫助的人了。倘若你的流運是武貪，而流運遷移宮中無主星，此時你也會見到與你一樣有剛直、果斷、氣勢很強的人。倘若你的流運是機陰在寅宮，流運遷移宮無主星，你則會遇到和你一樣情緒飄乎不定，善變、感覺力很強的人（情感上的敏感性很強），雖然彼此還不算太討厭，但是態度上彼此是忽冷忽熱的。此時是不適宜見要談感情問題，交情問題的人。若你的流運是機陰在申宮時，運氣更差，是根本見任何人，別人都是態度冷淡不好的了。

倘若流運是同巨，流運遷移宮是空宮，則你會見到表面溫和、有老實的相貌，實際上有口舌是非很瑣碎的人，而且挑剔的都是雞毛蒜皮的小事。倘若流運是廉貪，對宮（流運遷移宮）無主星，則你在此時是運氣最差、最低、弱的，一定會碰到討厭、愛說大話、沒有做事能力，卻又喜歡自吹自擂、功勞而要求好處回報的人。此時你自己人緣、情緒都不佳，對方更是個人見人厭的人，你會被他糾纏而破財，或答應要求，事後又後悔。

與人見面時機的預測，其實每個人都會用自己的直覺做這項估計，但是倘若你有自己命盤上的資料，再加上流日、流時的推算，這個準確性就十分篤定了。同時可以減少在你的直覺無法感應時，心理上的茫然感，不知吉凶，何去何從的感覺。有了這個預測見面時機，預測當時見面的狀況和預測見面的對象的外表、長相，你會很清楚的掌握狀況，如此就可以減少生活中不愉快的場面，而可把自己的心情調節到最佳的層次，每天都樂呵呵，心情愉快、順暢，生活也過得有意義，每天旺運都跟著你，好運、財運，一切的希望，都會自然成真、能實現了。這就是人生中最佳EQ的運用技巧了。

14 出國遊玩的好運時機

通常我提及在旅行時要選擇吉日時，都會受到親朋、友人的幽我一默。他們常笑我說：『你真是愈老愈古了！現在真像古人一樣，出門要擇日，選黃道吉日才能出行！』

事實上呢？這個論點又往往應驗，真是一點也不假的！記得有一個年青姓曾的朋友，有假期要前往美國去遊玩，行前在我家裡小聚。他說：

『老師既然流年、流月算得這麼準，請老師幫我看看，這次出門是不是萬事吉祥？』

看他的樣子有些玩笑，我也不太在意，經他再三央求，我勉為其難的排了一下，看到他當月走的運是天機居平。而對宮有太陰陷落的運氣。

就告訴他，當月運氣不是太好。小心與女人相處不好，而且在財務上有破耗，運氣上是有變化的。

當時這位曾姓朋友有些嗤之以鼻的神情。

這位朋友英俊瀟灑，一向很有女人緣。以他『萬人迷』的風彩，如何能相信會受女人的氣呢？

等他假期結束歸來，立刻跑來找我訴說抱怨，為何被我說中了的事。

原來他前往美國紐約，才一下飛機，就發覺行李遺失了。找航空公司的人理論，接洽的小姐態度惡劣。最後行李也沒找回來，不知被轉到那一國去了！

如此一來，出師不利，玩興大減。以後又發生了一連串不順的事情，讓他氣悶，於是草草結束旅程，準備回來跟航空公司的人理論奮戰，等候賠償。

他問我：『為什麼你知道這次旅行會不順？而且跟所碰到的女人都不和？沒法應付？平常我在女人圈中都很吃得開呀！』

原來他到紐約，住在哥哥家中。嫂嫂對這位遠來作客的弟弟卻並不歡迎。加上行李遺失，禮物並未帶到，也無法做一些緩頰的表示。預備帶給親朋好友的禮物所費不貲，曾姓朋友也算損失不小了。

我告訴他說：『你不必為這次的不愉快就耿耿於懷，下次去的時候，要慎選財星、福星居旺的時間再去，情形一切都不一樣了！』

・出國遊玩的好運時機

我在前面曾提到，人是受太陽影響很大的。人要是長年不見陽光，就會形貌蒼白、精神萎靡不振，所以人的運氣也受到太陽的影響。

大家都知道月亮的圓缺是影響地球潮汐的主因。月亮的光芒是經太陽照射後反射到地球上，我們才看得到的。因此月亮的光芒較弱。太陰星就是月亮。代表陰柔的一面。也代表女人。我們的運氣受到太陽的影響，當然也會受到月亮（太陰）的影響了。

當我們的運程走到太陰陷落的運程時，和女人處不好，沒有緣份，也沒有財運。陷落時造成破耗。曾先生運行的天機（多變化的星）又在平陷之位，愈變愈壞，當然運氣是不順的。就是這個道理了。在這個時間應減少活動，減少與女人接觸的時間，這樣就可以平順了。

在『旅行運』中星座所代表之意義

紫微星：

代表一切吉祥。所到之地，人、事、物都吉祥順利，你會受到尊重的招待。也會到高尚的地方做客。

太陽星：

居旺的時候，代表喜氣洋洋，精神旺盛。所遇之人、事、物及所到之地，一切吉祥順利。你會心情特別好，運氣特別好，受到熱誠的招待。

陷落時，會有不順的狀況發生。與男人相處不佳。且受制於男人。心情煩悶，表達能力不好，有厭煩與人接觸的狀況。你會保守、內斂，得不到別人的重視。

太陰星：

居旺時，有財喜、有人緣，你會善解人意，又體諒人、溫和美麗，與人容易溝通，一切順利。

陷落時，容易破財。人緣欠佳，尤其與女人易起是非，溝通不良，且受制於女人。你會感覺遲鈍，得不到別人友好的對待。

天機星：

代表旅途中容易有變化，或遇到一些事情。居旺時，途中的變化或所遇到的事情是較吉祥的，屬於好事的變化。

落陷時，途中所遭遇到的事務，會產生不順利、不吉祥的變化。更要小心有突來的災禍發生。

天府星：

此星沒有平陷的時候，因此遇到此星就代表一切順利、人緣好。

天相星：

居旺時，旅途順利、人緣好，會有愉快的旅程。

居平陷時，旅途中有許多事，讓你操勞忙碌，略感不順，可能會有小病痛。

天同星：

居旺時，旅途愉快，有人都幫你打點好了，你只是儘情的享受愉快的旅程罷了。

居平陷時，較忙碌操勞，不過是忙玩樂的事務罷了，玩得也不盡興。

武曲星：

居旺時，旅途與所接觸的人都是直來直往的，但是還蠻愉快的。很適合你的個性。

居平時，旅途不順且財務困難，有『行不得也』之苦。

廉貞星：

居廟時，你的旅程很有計劃，因此途程愉快，人緣好。

居平陷時，小心是非災禍和官非在旅途中發生，也須小心遇難喪生。

＊廉貞這顆星，不論旺弱，若和羊陀、七殺在四方三合處形成『廉殺羊』、『廉殺陀』，都有路上埋屍的隱憂，要小心！

廉貞若與火、鈴同宮或在四方三合處相照，會有火災喪生、受傷的災禍。

貪狼星：

居旺時，你的人緣好，旅程愉快。若與火、鈴二星形成『火貪格』、『鈴貪』，在旅程中還有有意外爆發的『偏財運』。此時可到賭城去試試身手。再掌握爆發的時辰，定可大有斬獲的。

居平陷時，你的人緣欠佳，尤其廉貪陷落時，最好不要外出旅行，否則是自找麻煩，有生命之憂。

巨門星：

居旺時，旅程中雖有麻煩，但靠口才可化解。陽巨運在流年、流月中去外地講學，或是做傳播行業而出國，最是吉利。

陷落時，是非災禍多，最好不要去，以免受災，有性命之憂。

天梁星：

居旺時，最好與長者同行，你會受到極佳的禮遇和照顧的。自己單獨去也很好，途中有貴人，你會遇到一個非常好的機會，來改變你的人生。居陷時，沒有貴人，一切不順利，不適合旅行。

七殺星：

居旺時，表示你很努力很積極忙碌的在途程中要做一些事情。此運利於去公幹，會吉祥順利。

廉殺同宮會有血光、破財之事。武殺同宮，會破財。

破軍星：

居旺時，你很積極努力的衝向目的地。運氣還不錯，但花費很多錢，可能是瞎拼太多無用的奢侈品了。

居陷時，一切不順，有血光、破敗錢財很凶的狀況發生。

＊破軍星當值的流年、流月中都要小心受傷流血及金錢耗損、浪費的問題。

文昌、文曲星：

居旺時一切順利，你會有愉快的旅程。而且此行會與文學、藝術的人、事、物有關，旅程是個高品質的活動。

居陷時，一切不順利，可能因為你不夠精明、計算錯誤，而或有口舌是非造成不愉快發生。

左輔、右弼星：

此二星不算主星。若二星獨坐時，即是空宮。先看對宮的主星是何星。對宮的主星是吉星居旺，此旅程愉快，且會遇到個性相合或興趣相投的友人為伴。

火星、鈴星：

若對宮的星座是凶星居陷。此行不吉，縱使有人幫你，但還是不愉快的。

若居旺，再遇貪狼、紫微。形成『火貪格』、『鈴貪格』、『紫火格』，會爆發『偏財運』。此行中有獲得大筆財富的好運。旅程中一定要買一些『樂透彩券』之類的彩券，說不定會抱著千萬美金回來，一生享用不盡呢！

火、鈴落陷時，『偏財運』較弱，但仍會發。

火、鈴落陷時，若沒有『偏財運』就會一切不順。且有受傷嚴重的後果。

火、鈴所在的宮位，不論旺弱，若與太陽、廉貞、紅鸞、化忌、羊陀、天刑等相遇，會遇到火災、受傷及生命之憂，若再加天馬，則是在外地的場合中遇火劫。因此你在這些有『火災』因素時間外出時，一定要隨時注意防火逃生門的方向，及屋內的出口。更要小心火燭，及隨時提高警覺性、注意屋外的聲音。隨時要準備在一、兩分鐘中即可逃生的準備。（專家告訴我們：聽到火警，三分鐘之內逃生是可能的，三分鐘之後就危險了！）

擎羊、陀羅星：

此二星不論旺弱，在旅行運中都會帶來災禍、血光，因此最好不要在此時去旅行。

地劫、天空：

此二星出現在流年、流月中時，不是破財，就是是非災禍，一定不會帶給你愉快的行程，不適合旅行。

15 借錢的好時機

借錢的問題是現代人常遇到的。許多人常常會到銀行中借信貸、小額貸款、房屋貸款之類，很多人常常跑了幾趟還貸不下來，借不到錢，其實這也是時機不對的問題，你必須把握自己命格中的良好時機，才會凡事順利。

凡是錢的問題都和自己命格中的財星有密切的關係，也和命格中的吉星有密切關係。但是有一些吉星是不主財的，它只是運氣好點，卻對錢財沒有幫助，你可以用這些吉星的時間去建立人緣，去請教或收集一些有關借錢的訊息。再用財星居旺的時間去借錢，就萬無一失了。

你在和朋友借錢的時候也是一樣的，用財星、吉星的時候去借錢，會借得到，而且不會遭白眼對待。

下列有許多運程都是利於借錢的運程。例如：

紫微、紫府、紫相、紫貪、居旺的太陽運、天府運、武曲運、武府運、

武貪運、居旺的陽梁運、武相運、居廟的天同運、居旺的同陰運、居旺的天相運、居旺的天梁運、居旺的太陰運等等。

在這些運程中，紫微運、紫府運、紫相運、紫貪運都是因為你自身有呈祥的運程，你的態度穩重可靠，而對方信任你而借錢給你。

居旺的太陽運是因為你的運氣很好，很旺，又逢對方很寬裕又大方，因此會借錢給你。天府運和武曲運、武府運、武貪運、武相運都是因為你適逢財運當頭，因此可借到錢。天同運和天相運是因為福星臨運，有天助而使你借錢順利。居旺的天梁運、陽梁運是因為有貴人蔭庇、照顧你而借到錢。居旺的太陰運，是因為彼此有見面緣或有交情情份而借錢給你。

在命格中有武曲化忌時，是財運辛苦又借不到錢的，因此不能用，凡是有化忌的運程都不能用，就像太陰化忌也是一樣。因為那肯定是無財運的時間，是借不到錢，又有是非不愉快的。

倘若命格中有財星居旺又加化權、化祿，那就肯定是個能掌握錢財，在借錢上擁有極大好運的時間了。

16 競標生意的好運時機

筆者曾經為某幾家公司作過顧問，因此對此類的談判非常熟悉。近年來因為許多生意與工程與黑道的介入而變得複雜，許多競標的生意，並不是在公平的原則下進行，因此我們這種以『氣運』為主的學問，也變得英雄無用武之地了。

但是我還是要將這個『談判有旺運』的方法教給你，以期在競標生意較有公平法則時，你可以好好掌握旺運，反敗為勝！

在競標生意的工作裡，凡事要講求『天時』、『地利』、『人和』。首先我們要清楚的是：競標的日期是別人決定的，我們無法更改。競標的同業，也許我們也不認識。競標生意的機關主事者，也許我們也不認識。等於有許多的狀況是我們無法掌握的了。

在這時候，我們最重要的是先作自己的工作。就是把一切的文件準備好，再三檢查無誤後，再在公司主管級的人物中，挑選出最最旺運的一個人，讓他出席參與競標。

這個旺運的人選，最好是坐命在紫微、紫府、紫相、紫殺、天府、武府、廉府、武曲、武相、武貪、太陽在巳、午宮的人、陽梁在卯宮的人、七殺、火貪、鈴貪、或貪狼在子午宮的人、或羊陀居廟旺的人。

上述這些命宮坐命的人，在命理結構上比較強硬，較有壓人的運勢。其他如紫破、破軍（子午宮）也是可以，但他們的流年常常是一年好一年壞的，須特別注意他們當月、當年的運氣是否居旺才行。

而這些人也最好是在競標日期的流年、流月上也得居於旺運的時期才行。若有化權星入座的流年、流月在命宮的人尤其最旺。肯定是戰無不勝的了。

日期和時間

選完人以後，再要觀看競標日期和時間。

每一個人都有自己的旺運日期和時間。

後頁是旺運日期干支表。

大運所在之處	旺運日干支
東方運	甲寅、乙卯。
東南運	丙戌、丁亥。
南方運	丙午、丁未。
西南運	丙申、丁酉。
西方運	庚申、辛酉、庚寅
西北運	庚子、辛丑、壬申
北方運	壬子、癸丑。
東北運	壬寅、癸卯。

每日旺運的時間（時辰）請參考我的另一本書『如何掌握旺運過一生』中，十二個基本命盤旺運圖的解說。

旺運方向

再來要看旺運方向。每個人的旺運方向不一樣，競標地點之方向，是否和參與競標的同事之吉運方向相同？此點也佔有極重要的決定性。倘若不合，競標時會不太順利。倘若相合，貴公司已掌握了天時、地利了。

人和問題

一、某些公司的老闆或負責競標事務的主管，常常一付大老的作風，不管自己的運氣好不好？準備的是否充裕恰當？就自己一馬當先自以為是的衝過去開標地點，參與開標了。當然結果不好，再回來罵人，罵公司的同仁、屬下，東怨西怨的。其實這個情況在開始參與競標時已伏下敗筆，又如何能求勝呢？

二、有時被推舉去參加競標的工作人員，膽小如鼠，怕負責任。此種狀況以天府坐命、紫相坐命、廉府坐命的人最會發生。在膽小怕負責任時，他就先給自己預留下失敗要如何打算的計劃。如此只求敗不求勝的心態要如何去贏呢？只有節節退讓了。

因此當公司選上這類人員去談判競標時，要極力安撫他，激起他的榮譽感及熱愛工作和公司的心，鼓勵他拼命以赴。

三、競標時在現場，儘量講求人和，不要與人發生衝突。一張祥和的臉孔可以化解周遭緊張繃緊的氣氛，會吸引眾人自動的擁護和靠近。旺運就在你這裡了！怒氣衝衝的面孔，則已經表現出已處於失敗的地位。

因此『人和』在整個談判的過程裡，也極重要的一環。當然這裡面還有許多學問和重點，不是一個年青人一朝一夕所能學成的，要經過長期的訓練。大致來講，紫微坐命的人，都有穩重的氣質。天府坐命的人，對錢財數目善於計算。武曲的人，剛直了一點，但有財氣。武貪的人，融合了剛直與人緣、財氣的好處，再走武貪運時，運氣也特別好。太陽居旺的人，有強烈的人緣吸引力和掌握旺運的力量。殺、破、狼坐命的人，『勝』氣凌人。都是很好的談判選手。

17 擺脫惡運的良好時機

我們常聽人說：『運氣實在太壞了！』『真是惡運呀！』到底什麼樣的運氣才算是壞運、惡運呢？

有些人失去了生命算是惡運，有的人生意失敗算是惡運，有些人沒賺到錢也是惡運，更有些人被老師數落一頓也算是惡運！因此惡運的種類很多，只從你心中的感觸來認定的。

不管你有什麼樣的惡運，現在我要教你**擺脫惡運的方法**：

首先你要明瞭人的運氣，就像大氣一樣是循環流動的，有起有伏。有高潮點、低潮點。運氣在經過高潮點以後就像越過山峰要往低處行走一般。運氣在經過低潮點以後，勢必要像拋物線一般的揚起，向上劃出一個美麗的圓弧出來。

天地萬物的周期，常常是以『三』或『三的倍數』，成為一個周期的。如三個月為一季，每逢上、中、下三旬為一月等等。人的血液也是歷經三個月來新陳代謝循環過的。我們知道這種周期性的關聯之後，就不難知道，為

•擺脫惡運的運時

什麼算命的都告訴你改運要三個月才有效的說法了。

運氣是會自己循環運行的。你的生命所歷經的每一分每一秒鐘，運氣都在循環移動，只是你不知道罷了。

我們要怎樣知道運氣是轉到那裡了？是變好了？還是變壞了呢？

那就要在自己的命盤上，找出流年命宮和流月命宮出來觀看，便可知道吉凶了。（流年、流月命宮算法在書最後一頁。）

我們知道，所有人的命盤都從十二種基本命盤格式中演化出來的，這種概率的演化，衍生出千千萬萬的不同格局的命盤形式出來。而無論如何，在這原始的十二個基本命盤中，我們也可清楚的看到，最多也只有連著二至三個宮位是陷落不吉的，絕不會相連著的第四個宮位也不吉。在流月裡，每個宮位代表一個月。這就是證明了剛才所說的，為什麼替你改運的人要等三個月以後才有效的說法了。

運氣最晚運行到第四個月時，也輪到好運的時候了。也許你根本不用等那麼久，你只要會看命盤上的流年、流月，就很快的得知運氣較好的那一年、月、日、時。

普通的人，在歷經一些困苦之後，都想力圖振作。例如，窮困裡的人想賺錢想瘋了。失去權力的人，想權力又想瘋了。身處惡運的人，總想有什麼暴發運、偏財運掉在自己的頭上。假如你還能冷靜的思考一下，你認為可能嗎？

當然不可能呀！

你想想看，人為什麼窮困，是因為運氣不好沒有賺錢的機會。縱使有奇奇怪怪的賺錢機會，你勉強去賺了，將來也是會遇到是非麻煩和耗財更多的問題，讓你解決不完。這表示你正在弱運的時候，強力去做，只是徒勞無功，只增辛勞而已。你可利用流年、流月，找尋出財星居旺的宮位來，再算出流月是欣逢幾月的，便可知道，離我們最近的一個財運月是在幾月了。也就是說『幾月就會進財、好轉了。』

倘若你是學生或是上班族，要看平常行事運的吉凶，那要看看你的惡運是屬於何等性質？若是從師長、老闆那裡來的，你就要看看自己命盤上的父母宮，參考前面章節可以找到答案。

舉凡流年、流月裡有紫微、天府、太陽、天梁、天機、武曲、貪狼、破軍、七殺、天梁、天相、天同、太陰、廉貞、巨門等星居旺時，再有化權、化祿、化科進入，都是好運的時刻，你可充分的把握。這些都是可以擺脫惡運的良好時機。

※請參考法雲居士所著《紫微改運術》會有改運趨吉的小秘方。

18 流年、流月、流日的看法

流年的看法：

流年是指當年一整年的運氣。子年時就以『子』宮為當年的流年。以『子』宮中的主星為該年的流年命宮的主星。倘若是丑年，就以『丑宮』為流年命宮，宮中的主星就是流年運氣了。以此類推。

辰年時，以『辰宮』為流年命宮，卯宮為流年兄弟宮、寅宮為流年夫妻宮，丑宮為流年子女宮，子宮為流年財帛宮，亥宮為流年疾厄宮，戌宮為流年遷移宮，酉宮為流年僕役宮（朋友宮），申宮為流年官祿宮（事業宮），未宮為流年田宅宮，午宮為流年福德宮，巳宮為流年父母宮。如此就可觀看你辰年一年當中與六親的關係，及進財、事業的行運吉凶了。

流月的看法：

流月是指一個月中的運氣。

要算流月，要先找出流年命宮（例如辰年以辰宮為流年命宮），再由流年命宮逆算（逆時針方向數）自己的生月，再利用自己的生時，從生月之處順數回來的那個宮，就是你該年流年的一月（正月）。

舉例：某人是生在五月寅時。辰年時正月在寅宮（從辰逆數五個宮，再順數三個宮那就是正月）

＊幾月生就逆數幾個宮，幾時生就順數幾個宮，就是該年流月的正月，再順時針方向算2月、3月……

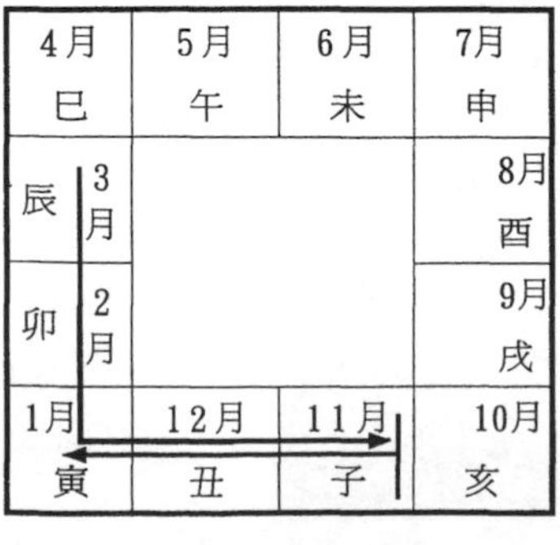

流日的算法：

流日的算法更簡單，先找出流月當月的宮位，此宮即是初一，順時針方向數，次一宮位為初二，再次一宮為初三……以此順數下去，至本月最後一天為止。

流時的看法：

流時的看法更不必傷腦筋了！子時就看子宮。丑時就看丑宮、寅時看寅宮中的星曜……以此類推來斷吉凶。

如何創造事業運

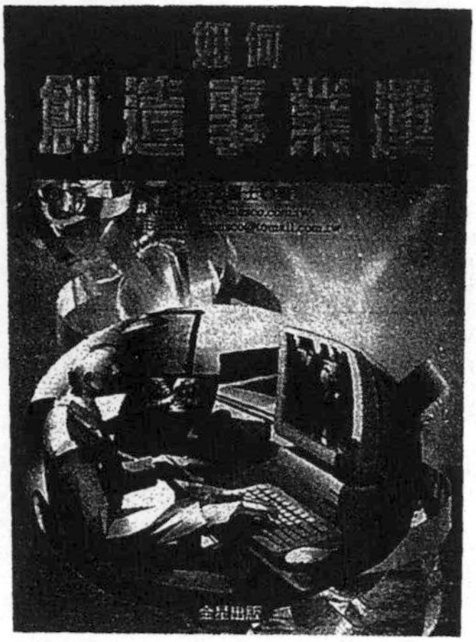

人生中有千百條的道路，
但只有一條，是最最適合你的，
也無風浪，也無坎坷，可以順暢行走的道路
那就是事業運！
有些人一開始就找對了門徑，
因此很早、很年輕的便達到了目的地，
成為事業成功的菁英份子。
有些人卻一直在茫然中摸索，進進退退，虛度了光陰。
屬於每個人的人生道路不一樣，屬於每個人的事業運也不一樣
要如何判斷自己是否走對了路？
一生的志業是否可以達成？
地位和財富能否得到？在何時可得到？
每個人一生的成就，在紫微命盤中都有顯示，
法雲居士以紫微命理的方式，幫助你檢驗人生，
找出順暢的路途，完成創造事業運的偉大工程！

紫微成功交友術

成功的人都有成功的好朋友！
失敗的人也都有運程晦暗的朋友！
好朋友能幫助你在人生中『大躍進』！
壞朋友只能為你『扯後腿』！
如何交到好朋友？
好提升自己人生的層次，進入成功者的行列！
『交友成功術』教你掌握『每一個交到益友的企機』！
讓你此生不虛此行！

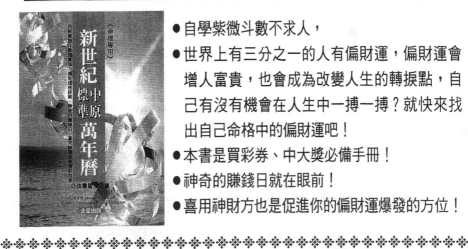

命理生活新智慧・叢書01

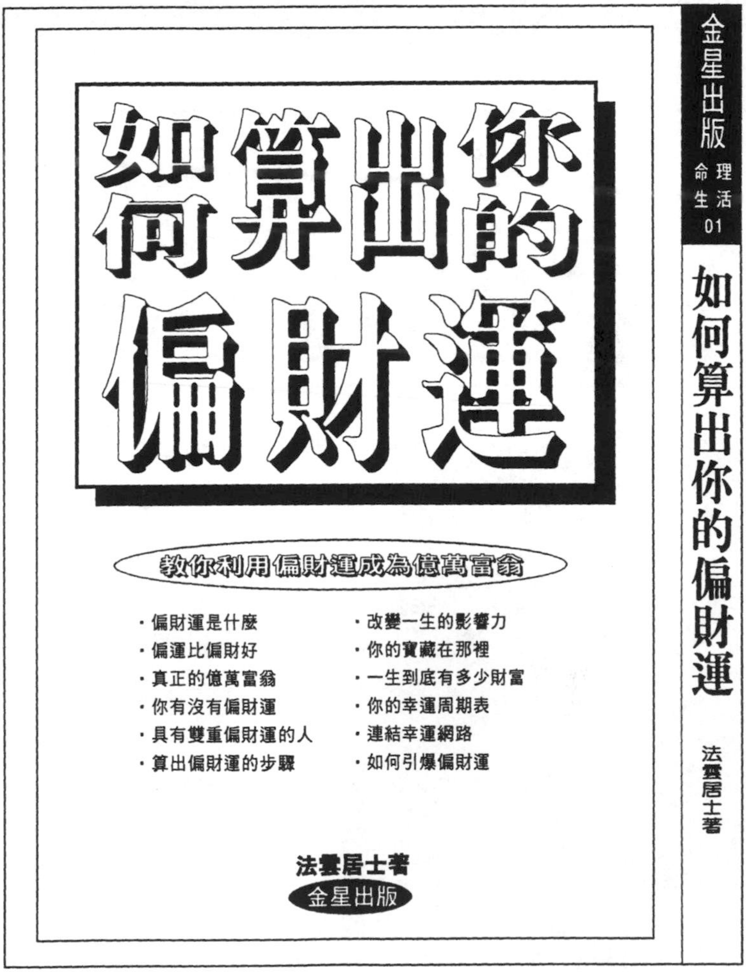

定價：280元

●金星出版●

地址：台北市林森北路380號901室
電話：(02)25630620・28940292
傳真：(02)28942014
郵撥：18912942 金星出版社帳戶

這是一本讓你清楚掌握人生運程高潮的書，
讓你輕而易舉的獲得令人欽羨的事業和財富。
你有沒有偏財運？偏財運會改變你的一生！
你在何時會有偏財運？如何幫助引爆偏財運？
偏財運的禁忌？等等種種問題，
在此書中會清楚的找到解答。
法雲居士集二十年之研究經驗，利用科學命理的方法，
教你準確的算出自己偏財運的爆發時、日。
若是你曾經爆發過好運，或是一直都沒有好運的人，
要贏！要成功！一定要看這本書！
為自己再創一個奇蹟！

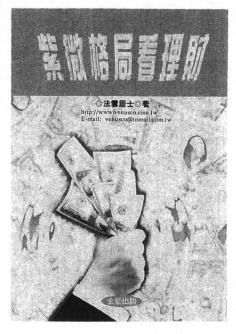

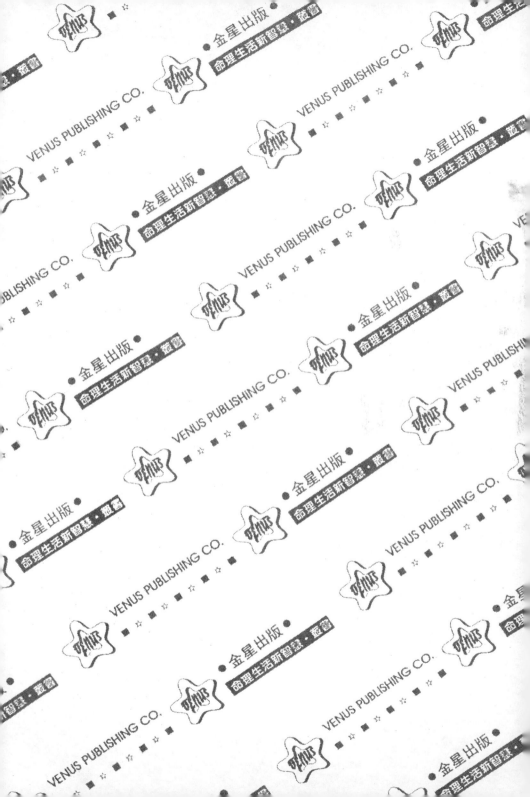